U0060438

香港亨達集團創辦人及名譽主席
鄧予立——著

謎一樣的國家

老玩童探索以色列

推薦序一

隨遇中感受他對美的發現和追求

和鄧予立先生交友多年矣。

可是，交往越深，現在卻越來越難以界定他的身分。因為就他已經出版的十五本遊記來看，他似乎是個旅行家。確實如此，他對旅遊充滿了無限的樂趣。如今，人們不能問他去過哪些國家，只能問他還有哪些國家沒去過？那麼，屈指可數。而他的旅行經驗以及到過的地方，也是常人難以相比。他像專業的旅行家那樣，不是在某個國家，就是在去某個國家的路上；不是在某個景點，就是在去某個景點的途中。如此日復一日，年復一年，基本上都在旅行的狀態中，尤其是在疫情期間也沒有停止，反而於無奈之中成全了他近一年的歐洲深度遊。

鄧予立先生實際上並不是旅行家的專業身分，而是一位赫赫有名的金融投資家，其專業的成就和經驗在五十年間，同樣是常人難以相比。他不同於常人的地方有很多，工作勤勉，興趣廣泛，酷愛收藏，樂善好施。其中願意與人分享則是很好的美德。所以，他在行旅中即時把觀感記錄下來，不僅是「多了一份留意和追憶」，而且很快就整理成書，與朋友一起分享他的快樂和美的享受，也讓公眾就此瞭解了世界。

鄧予立先生有時也會帶一些朋友同行，共同分享其旅行中的收穫。二〇一九年十月，我與幾位朋友受邀一起去約旦。那是一段美好的記憶，進一步加深了對他的瞭解，也進一步看到了他的普通和平常。我們曾經隔岸觀望以色列，雖然近在咫尺，卻難以逾越。面對河對面，不能說是談虎色變，那也是小心翼翼。這是一個非常特殊的國度，因為不時有摩擦或戰火，一般人難以到達。而在隔岸相望中，一條不太寬的聖河，千百年來流淌著信仰和傳承。河上不斷的宗教儀式中所表達的虔誠，更是讓人們堅信了信仰的力量。鄧先生終於有了他的以色列之行，這樣他未去過的國家就所剩無幾。

行旅中舉起相機記錄眼中所見，已經成為鄧先生的習慣；他在用攝影記錄的同時，也表現出了他的藝術質素。他的鏡頭指向並不追求獵奇，而是在隨遇中讓人們感受到了他對於美的發現和追求。此行以色列又集中出版一本新的遊記，讓人們看到了一個想看而無法看到的以色列，這裡既有特拉維夫最具價值、最有吸引力的核心地帶，也有在自由漫步中的發現，所反映出的豐厚的歷史文化，都表現出了這個國家的獨特性。

這本書裡所記錄的以色列是鄧予立先生的眼中所見，而非道聽塗說。透過他的鏡頭影像，能夠看到了他所感興趣的那些以色列的方方面面，有身臨其境之感。在此，特別祝賀他的這本遊記正式出版。

陳履生

中國國家博物館原副館長
中國文藝評論家協會造型藝術委員會主任

推薦序二

以色列——謎一樣的國家

近年來出國旅遊蔚為風氣，中文旅遊出版品更是汗牛充棟，介紹日本的書尤其多；但是介紹中東旅遊的書卻寥寥可數，其中深度介紹以色列的書更是罕見。老友旅遊達人鄧予立主席的遊記《謎一樣的國家：老玩童探索以色列》，正好彌補了這方面的缺憾。正如書名所示，沒有親歷以色列之前，那是個「謎」一樣的國家；接觸了之後，就會情不自禁「迷」上這個國家。

以色列的謎在於：一、領土小，只有兩萬平方公里，其中55%還是沙漠，但糧食幾乎可以自足。這得力於他們的滴灌技術，可以在沙漠中種水果、蔬菜、養吳郭魚。二、人口少，大約只有九百餘萬人，一九四八年建國的時候更只有八十萬人，所以它是一個移民社會。散居世界八十多國的猶太人聚集到以色列，背景不同、教派不同，但能夠和平相處。三、雨水少，最南部的Eilat每年平均降雨幾乎為零，但全國不缺水，得力於五座高效率的海水淡化廠。蔬菜、水果種類繁多，品質優良，令人無法想像。四、軍事衝突多，從一九四八年建國以來歷經了十八次比較大的軍事衝突，但仍屹立不搖，走在街頭完全沒有一絲戰爭的氣息，大家喜歡坐在街邊喝咖啡聊天辯論，享受地中海的暖陽。五、學術成就高，自一九〇一年諾貝爾獎頒獎以來，一共有九百零二人獲獎，其中兩百零三人（22.5%）是猶太人；目前居住在以色列的猶太人有十二位獲獎。六、創新能力高，經濟競爭力居世界第十六位，目前有六千家新創公司，電腦軟體、硬體、醫藥、軍事、通訊的研發都居於世界領先的地位，目前在美國創業板 NASDAQ 上市的公司當中以色列公司數量居於前三名。

以色列人迷人部分在於：

一、多樣性。它有五種地形、地貌，北邊有高達兩千八百公尺的赫蒙（Mount Hermon）山，中部有低於海平面四百二十公尺的死海，再往南邊走就是內蓋夫沙漠，從南到北沿海有一條三百多公里非常乾淨美麗的沙灘，另外還有平原跟丘陵地帶。開車只要一個多鐘頭就可以從一個地形，到另外一個完全不同的地形，恍如另外一個世界。它的餐飲樣式、口感、菜色也非常多元，因為生活在以色列的猶太人來自八十個不同的國家，帶來了當地的特色飲食，融合成今天以色列的菜餚。常見食物如口袋餅（pita）、鷹嘴豆泥（humus）、炸豆丸（falafel）、沙威瑪等都頗為可口，日常大量使用生菜、橄欖油、堅果，屬於地中海飲食，對身體健康有益。

二、獨特性。希伯來語是非常獨特的一種語言，有兩千多年的歷史，它只有二十二個字母、沒有母音，字型特別，寫的時候由右向左。以色列目前還有兩百多個集體農場（Kibbutz），部分雖已經私有化，但仍有部分維持居民生活在一起、工作在一起、按勞分配、各取所需，也開放外人參觀用膳。以色列全民皆兵，不難遇見士兵背著衝鋒槍同桌用餐，或者遇見擦指甲油、穿涼鞋的女兵逛街，看多了也就見怪不怪了。境內有七、八十萬傳統派的猶太教徒，男士們終年穿黑色大衣、帶黑色的帽子，生活飲食嚴守戒律，彷彿不受時空影響。

三、宗教性。耶路撒冷是猶太教、基督教、回教三教的聖地。由伯利恆往北到耶路撒冷、再到拿撒勒、加利利湖邊五餅二魚教堂，一百多公里的路程是耶穌出生、成長、布道、處死、復活的地方，留下處處神跡，及鼓勵人行善向上的故事。聖殿山上的兩座回教清真寺是穆斯林的三大聖地之一，與猶太人的哭牆近在咫尺。鄧予立主席在這本遊記中有非常翔實生動的描述，讀之恍如身歷其境。這片幅原只有小小一平方公里的耶路撒冷古城，宗教影響力卻是世界性的。此外在拿撒勒這個絕大多數是阿拉伯人的小城，卻有一座天使報喜堂，它是中東地區最大的教堂。

四、歷史性。以色列這一片狹長的「應許之地」，二千多年來歷經了波斯、希臘、羅馬、拜占庭、阿拉伯人、十字軍、馬穆魯克、鄂圖曼帝國及英國的統治，飽受政治爭議、文化衝撞、宗教爭執、戰爭洗禮，點點滴滴的歷史積累造就了這個特殊的國家。以色列境內古城處處，各有各的故事，有的令人讚嘆、有的令人唏噓，讀了這本遊記生動的描述，令人發思古之幽情。此外，在死海北邊有一個《聖經》中出現過的小城耶利哥（Jericho），考古專家指出那是地球上最古老的城市，是有人類持續居住超過一萬年的地方，也值得一遊。

以色列還有很多令人意想不到的事，比如他有兩百八十五個酒莊，一年可以生產三千萬瓶紅酒、白酒（二〇一一年我與以色列外交部達成臺以互免簽證的協議，還特別選製了免簽紀念紅酒）。

猶太人對飲食要遵守特別的規範，只吃 kosher 潔淨食物，還有些忌諱如肉與奶不能一起吃，如果你吃了牛排還想要喝 cappuccino，那是咖啡加上豆漿的成果；沒有魚鱗的海產也不能吃，宰殺牛要用其痛苦最小的方式，並經放血處理程序，這些都值得觀察體驗一下。

每年有五億隻候鳥來往歐洲與非洲之間，中途站就是以色列的 Hula 山谷一帶。有學者說這是世界第八大奇觀。

全世界的鑽石生意操控在猶太人手中。特拉維夫的鑽石交易所是世界最大的鑽石中心，由四棟大樓組成，進行鑽石的切割、打磨及銷售，每天有一萬五千人在這裡進進出出，是以色列重要的經濟支柱。交易所還提供每天四個小時免費的導覽活動。

以色列就像是小型的百科全書，縱使我在那裡生活、工作了四年，還沒能窺其全貌、領其堂奧。閱讀鄧主席的遊記，彷彿跟在一位資深的旅遊達人身邊，悠然地走在那片流著奶與蜜的地方，腦中串連起一張張在這片土地上生活的人們的畫面，他們的過往與現代、生活與宗教、喜樂與哀愁、悲歡與離合。

鄧予立主席迄今足跡遍布世界一百四十餘國及南極。他以一顆溫暖的心、一支生花妙筆、一個忠實鏡頭，記錄他沿途所見、所聞、所思、所感，字裡行間也展現了他的通達的人生觀。

我很榮幸能為他這一本以色列的遊記做一個註記，更期待鄧主席繼續帶我們去探尋下一個未知的國度吧！

前駐以色列特任大使

張良任

推薦序三

流浪者鄧予立

在大多數人眼中，鄧公予立先生是一位叱吒風雲的金融家，但在我的印象裡，他就是一個流浪者，行蹤不定，隨心而往。自我們相識以來，鄧先生給我的最大感覺就是不安分，既不「安居」，也不「樂業」。雖居於香港，但卻一直在試圖掙脫這個城市的羈絆；雖坐擁一家舉足輕重的跨國金融機構，但給人的感覺卻全然是心不在此，毫無罣礙。鄧公戲謔地稱自己是「老玩童」，緣于常年縱情於世界各地歷史人文和自然風光之中，逍遙忘我，自得其樂。但是，以我之理解，若稱其為「老玩童」，倒不如稱其為「流浪者」，因為他確實是以流浪者的心態遨遊世界。

林語堂先生說過，一個真正的旅行家必是一個流浪者，經歷著流浪者的快樂、誘惑和探險意念，不知道自己往哪裡去，甚至不知道從何處而來。若以這種定義來衡量，鄧公徹徹底底地就是此類旅行家。他總是隻身出行，一年中的大半時間都在異域，錯把他鄉當故鄉。若非內心充實，體魄堅韌，熱情充沛，這種孤單的旅行很難堅持，僅一次足矣，至少我是做不到。我偶爾因公出差，住酒店超過兩晚就感覺百無聊賴，任何地方都不如家裡自在。相比之下，鄧公每次長時間遠行，都是樂不思蜀。我問他途中是否偶爾也會有孤獨之感，他說一點都沒有。這就是讓我佩服的地方。我想，鄧公早已完全具備了流浪者的特殊品質，他可以把孤獨變成自己的默契的同伴。

鄧公當然不是普通的流浪者。據我觀察，他每到一個地方，至少要做兩件事，一是探索和發現，二是以攝影和文字的形式記錄所見、所聞與所感。除此之外，品嘗各地美酒和美食，也是必須做的一件事。作為一個閱歷豐富、知識廣博而又不知疲倦的旅行家，他探索世界的角度很獨特，對世界各種文明的感悟也細膩和深刻。從他大量的攝影作品和文字裡，我們都能輕易地感受到這幾個特點，眼光溫存而敦厚，思想睿智又深厚。至今為止，鄧公已經出版了多部攝影專輯，在海內外舉辦了多場攝影展，佳作連連，高產又優質。而讓我感到很榮幸的是，他每去一個地方，都要在最新的攝影作品中選擇一些，發給我欣賞。每次收到他的攝影作品，我便知道他的旅行軌跡，也感受到來自某個遙遠地方的掛念和情誼。

有趣的一件事是，今年年初，鄧公在消失了很長時間之後突然告知我，他已經回到香港了，約我們幾個朋友晚上小聚。直到那時，我才恍然大悟，原來，他去年春季離開香港之後，遇到各地爆發的新冠疫情，一直沒能回到香港。他將計就計，趁機在世界各地進行了漫長的漂泊流浪。他從臺灣漂到日本，從日本漂到歐洲，從歐洲漂到印度，從印度又折返到中東，其間遇到各種無法預料的波折，甚至還有離奇的故事。前後十個月，鄧公在所經之地，都親眼目睹和親身感受了疫情之下的人生和社會百態。這些在險境中所獲得的經歷和感受，足可洋洋灑灑彙集成書。疫情當前，當所有人都變成驚弓之鳥時，唯有鄧公坦然自若，天馬行空，獨往獨來，而且做到了百病不侵、刀槍不入。單單這一點，就足以令人欽佩。鄧公不是普通的流浪者，而是一個無所畏懼、勇於逆行的流浪者。

讀者諸公眼前此書，尚未來得及記錄此次疫情下的旅行，而是專門記錄了作者在以色列國的見聞，圖與文都很賞心悅目。無論你是否去過這個國度，這本書都很有價值，或更新你旅途的回憶，或作為將來旅行的助手，或幫助你積累相關的知識。我尤其欣賞鄧公的文筆，流暢而簡練、細膩而準確，他對文字的駕馭相當到位和嫻熟。我在報館做過十多年評論版主編，對文字的品質格外在意，但鄧公文字無可挑剔，非常難得。

遵鄧公所囑，謹作此序。

杜平

鳳凰衛視評論員、香港三策智庫理事長

二〇二一年四月於香港

推薦序四

一課寶貴的中東歷史重溫

拜讀多年摯友鄧予立先生之中東以色列遊記，使我讚嘆不已。鄧先生在該遊記中細緻地描述了有關歷史建築遺物、地理關係及位置，如耶穌出生和釘十字架之地，不同種族的存在等都詳述十分清楚，尤其是以色列的傑出名人，社會開放及包容等，使我對這中東只約九百萬人口的小國加深不少了解。鄧先生在這方面的資料搜集真是下了不少的精神與時間。閱讀後，能使我或其他閱讀者們有如親臨該地，實地了解加深明白如何一個地少人寡的猶太教群體能在人多勢眾的回教及基督教威脅下生存和建國，真的是一課寶貴的中東歷史重溫，使我對猶太民族進一步認識。

以色列國面積比臺灣還要小，人口也不足一千萬，但猶太人天生聰明機敏，不怕艱辛，所以人才輩出，蜚聲國際。雖然猶太人生存在中東已有千多年歷史，但以色列建國至今只有七十三年，算是一個不足百年的新興國家，而它卻在中東舉足輕重，影響龐大，不容忽視。它在人多勢眾的回教國家包圍下也能生存自立，真的殊不容易。以色列人信奉的猶太教是跟基督教屬同一上帝的教派，再加上眾多回教派鄰國的排斥下真的不易生存。建國之後，戰爭不絕及邊界紛爭，令以色列人生活常在誠惶誠恐中，生命上極大的威脅。

猶太人跟中國人有點相似：雖經歷過千年的苦難，戰亂逃亡，人禍和天災，但亦能逆境生存，也可以經風抵浪，甚至二戰時納粹黨的民族清洗，也可以一一捱過。猶太人真是個經得風抵得浪，在困境中也可以求存的民族。他們的不屈不撓，絕處也要逢生的性格，跟中國人的堅忍耐勞，面對苦難也不易退的精神，如同一思想基因，所以最後也可以達成建國願望。但猶太人，除了有如中國人的頑強鬥志外，更有一比中國人更優勝及突出的性格。比較上，中國人的思想及行為較為保守。如遇苦難，中國人大多深藏心裡，默然忍受，少有與外人溝通或連繫，尋求協助或開解。大多時只會木訥寡言，默然忍受至難關過渡。但猶太人則大多數不會太刻板，他們靈活求變，甚至可以苦中作樂，紓解眼前的苦難煎熬，減低生活及精神上的壓力。他們思想比較浪漫，幽默風趣，而他們的社會包容性也極高，故以色列國是世界上少有同性合法化及可並存的國家之一，比信仰同一上帝的基督教派更為自由開放，比極端保守的回教派系分別更大。對於上述猶太人的民風及思想，我有深深的個人體會。

數十多年前，因業務工作關係，我曾兩次到訪以色列。一次在夏天到特拉維夫工作一星期，另一次則是在冬天與一猶太朋友從特拉維夫駕車上耶路撒冷。因我只是業務工作關係，故不能如鄧先生般周遊當地的地標名勝，歷史古蹟，作窮深的觀摩探索，但這兩次與猶太人的親密接觸使我能體會到他們的生活風趣與幽默的性格特色：常能苦中作樂。他們的特性不但反映在日常生活上，甚至在工業產品中也可見端倪。例如有一次我和我的猶太朋友在特拉維夫街頭逛街，我看見一輛車齡超過二十年及外形甚為殘破的汽車停在路旁。當我們走近它時，我的希伯來朋友告訴我它的車尾牌下掛上一字牌，以希伯來文寫出：「My another car is a Rolls Royce.（註：我另一輛車是勞斯萊斯）」還有另一次，我參觀一間在特拉維夫生產及出口的人體電子磅工廠。他們有一款最新開發的自動發聲人體電子磅機：但當一個體型超重的胖子踏上該磅機時，而他的體量超出該磅機的磅重功能，一般的磅機會停止發聲，但這新穎的磅機卻讀出一句英文語句：「Please come one after another.（註：請依序一次一個人測量）」使人忍俊不禁。總括說來，在我接觸的以色列人中，大多數是喜客，及有禮貌及和善的，跟他們工作上的會談或一些問題上的討論，都是愉快、理性及正面的。

除了我對這中東小國人性上的親身認識，再加上鄧先生地理上的深入細緻描述，詳盡的歷史資料，使我對這小國有更加深的認識和親切感。

范蔚明

雅景洋行董事長

目錄

黎巴嫩
敘利亞
戈蘭高地
阿卡古城
地中海
海法
加利利海
拿撒勒
凱撒利亞
約旦河西岸地區
特拉維夫-雅法
耶路撒冷
伯利恆
死海
馬薩達
約旦
以色列
埃及

謎一樣的國家

老朋友張良任先生二〇一〇年剛好在以色列工作，數次盛意拳拳邀請我訪遊該國，更預先為我設計好行程路線，可惜我一直未能成行，直到二〇一六年末才終於啟程前往，此時張先生早已離任，前往印尼履新了。

在老朋友多番描述中，以色列就像謎一樣的國家，擁有迷人的風光，厚重的歷史文明；不僅是宗教信仰的基石，亦是戰火紛飛的國度，更有著潛在的無限商機。若不到此一遊，就會「走寶」（粵語，看走眼、錯失寶貝的意思）了。

世界火藥庫的引線

以色列全名叫以色列國（The State of Israel），位處亞非歐三大洲的交匯之處，西亞的黎凡特（Levant）地區，面對廣闊無垠的地中海，南臨紅海的阿卡巴灣，鄰國包括黎巴嫩、敘利亞、約旦和埃及。從地理位置而論，是軍事戰略要衝，歷來為兵家必爭之地，自古至今，硝煙不絕。如果說世界的火藥庫在中東阿拉伯半島，那麼以色列可以稱得上是世界火藥庫的引線。自以色列在一九四八年建國以來，與周邊國家的紛爭不斷，這也是我遲遲未敢動身遊歷的原因之一。

世界最低的鹹水湖死海

若以面積來看，以色列不過兩萬五千平方公里，比臺灣還要小，形狀猶如一把兩頭尖、中間寬的狹長匕首，從南到北長四百二十多公里，從東到西最寬處一百二十多公里。可別小看這個彈丸之地，她囊括相當多元的地貌，讓人驚豔的自然景觀，有森林平原、峽谷沙漠、湖泊大海、溫泉溶洞，有世界最低的鹹水湖死海（Dead Sea）和淡水湖加利利海（Sea of Galilee）、壯觀的巴尼亞瀑布（Banias Waterfall），還有海拔1,208米的梅龍雪山（Mt. Meron）。如非親歷其境，實在很難想像以色列竟然集結了如此多種地理景觀。

世界最低的淡水湖加利利海

三大宗教發源地

再者，這裡是世界三大宗教——猶太教、基督教和伊斯蘭教——發源地，全世界最暢銷的書——《聖經》的誕生地，先知們把故事纂寫成書，傳誦綿延幾千年。截至二〇一五年，以色列就擁有十處經聯合國教科文組織認定為世界文化遺產，足見麻雀雖小，人文方面的古跡、遺跡也十分豐富：

△耶路撒冷古城及城牆（Jerusalem Old City and Walls）

△古猶太墓園北爾安臨：猶太復興的地標（Necropolis of Bet She'arim: A Landmark of Jewish Renewal）

△瑪瑞夏與貝古福林的猶太墓地，穴居土地的縮影（Caves of Maresha & Bet-Guvrin in the Judean Lowlands as a Microcosm of the Land）

△眉阿落特河石窟：卡梅爾山（迦密山）的人類遺址（Sites of Human Evolution at Mount Carmel: The Nahal Me'arot Caves）

△海法和加利利西部的巴哈伊聖地（Baha'i Holy Places in Haifa and the Western Galilee）

△聖經古跡——米吉多、夏瑣、貝爾謝巴（Biblical Tels-Megiddo, Hazor, Beersheba）

△香料之路內蓋夫的沙漠城鎮（Incense Route-Negev Desert Cities, Nabatean towns of Haluza, Mamshit, Ardat & Shivta）

△特拉維夫白城（White City of Tel-Aviv）

△馬薩達（Masada）

△阿卡古城（Old City of Acre）

翻手為雲，覆手為雨的猶太民族

最重要的一點——這個國家人才濟濟。美國著名的金融投資大亨華倫・愛德華・巴菲特（Warren Edward Buffett）曾經說過：「如果你來中東尋找石油，可以忽略以色列；如果你是在尋找智慧，請聚焦於此。（If you're going to the Middle East to look for oil, you can skip Israel. If you're looking for brains, look no further.）」

以色列是目前世界上唯一以猶太民族為主體的國家，全國人口九百餘萬，其中猶太人占百分之七十五以上，其餘是阿拉伯人和德魯茲人（Druze）。歷史上，先後已有十位以色列或以色列裔的人士獲得過諾貝爾獎。若將範圍擴大至只占世界人口百分之零點二五的猶太人，更是在各個領域，包括金融、傳媒、科技、政治、法律和文學藝術等，湧現出不少殿堂級的知名人士，其中為我們所熟知的就有愛因斯坦、馬克思、弗洛伊德、海涅、差利卓別靈（卓別林）、畢加索、門德爾松（孟德爾頌）、大衛・李嘉圖等。

還有以羅富齊（Rothschild，或譯為羅斯柴爾德）、摩根（Morgan）、洛克斐勒（Rockefeller）家族等為代表的企業巨鱷、金融寡頭，占據相當部分的人類財富，這些精英都可以頃刻間在全球金融市場翻手為雲，覆手為雨。

至於對近代國際政治產生重要影響的響噹噹人物，非基辛格（Henry Alfred Kissinger，或譯為季辛吉）莫屬了。此外，前任美國總統特朗普（川普）的女婿賈里德科里・庫什納（Jared Corey Kushner，臺灣譯為傑瑞德・柯瑞・庫許納），和現屆總統喬・拜登（Joe Biden）政府團隊中的國務卿安東尼・布林肯（Antony Blinken）都是猶太裔，對美國政黨和政府具有相當的影響力。

不能否認，猶太人對世界歷史的貢獻，尤其對西方文化的影響更是至深至遠。然而，儘管西方的基督教文化基本上是源於猶太教，甚至基督教的《舊約聖經》都與猶太教的《希伯來聖經》有千絲萬縷的關係，歐洲基督教徒卻視猶太人為「敵人」，不僅與猶太教進行切割，甚至發動了多次的反猶太人運動，將耶穌之死歸罪於猶太人，不過基督教徒所信奉的耶穌卻是不折不扣的猶太人，種種盤根錯節、割不斷、理還亂的關係實在太過複雜。

縱觀猶太人的歷史，大約在兩千多年前從以色列地遭到驅逐，被放逐到世界各地。各種無情的歧視和殘酷的迫害，一次次將他們磨練成為一個更為堅強的民族，也更堅信「流亡者的聚集」這一觀念，這股信念激勵著猶太人，他們相信有朝一日，必能夠重返故地、重建家園。如今以色列之所以能頑強地遊走於世界強國之間，不無道理。

建國七十多年，以色列經濟走向繁榮，科技發達，當然跟以色列的猶太精英移民來自世界各地有關，他們文化素質高，再者以色列政府一直重視教育，據我所知以色列國內有七所頂尖大學，在各方面的學術領域上都十分優秀，在全球亦很有名氣，分別是希伯來大學、特拉維夫大學、海法大學、本古里安大學、巴伊蘭大學、以色列理工大學和魏茨曼科學研究院等，它們培養出很多出色的學生。在遊訪期間，我參觀過特拉維夫大學的數學學院（Wladimir Schreiber Institute of Mathematics），以及大學內的猶太民族博物館（ANU Museum of the Jewish People，原名猶太流散博物館 Museum of Jewish Diaspora），那裡環境清幽寧靜，非常適合莘莘學子們的學習。

1 特拉維夫大學數學學院

2 猶太民族博物館展示不同時期和地區的猶太會堂，照片中這部分來自西班牙的猶太會堂

國家級博物館——以色列博物館

以色列也以博物館數目眾多見稱，博物館有綜合性的，也有專精於單一個項目的，如歷史、宗教、文化藝術等方面。其中我印象最深刻的是設在耶路撒冷的以色列國家級博物館——以色列博物館（Israel Museum），它建於一九六五年，分為幾個主要部分，包括比扎萊爾工藝美術館、猶太人與人種史展館、美術陳列館等，收藏珍貴的歷史文物和藝術品，展品非常豐富。

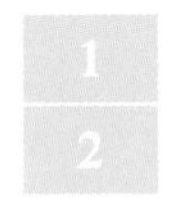

1 七個金燈臺是猶太教的象徵，如今也是以色列國徽的一部分

2 以色列博物館售票處

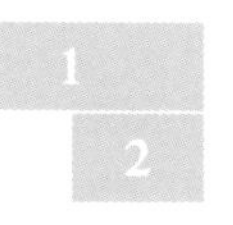

1 寬敞的展示走道

2 豐富的文物陳列

第二次到訪時，我的旅伴，同時也是虔誠教徒的 Brenda 對館內的「聖書之殿」館特別感興趣，這裡收藏了珍貴的《聖經》手稿，包括著名的《死海古卷》。在參觀期間，我們遇到不少年輕學生團體參觀，認真地聆聽講解，我們也不得不壓低談話的聲音，以免影響他們的參觀學習。

在以色列，我們也能感受到猶太人的執著。有些人堅持穿著獨有的服飾：黑色外套、披肩、帽子和腰帶，穿梭在衣著色彩繽紛的人群中，顯得特別突兀而怪異，在穿著上有許多方面都與《聖經》中的敘述相同，當我在旅途中遭遇這些人的時候，頗有種時空錯亂的感覺。

1 聖書之殿內部展示死海古卷
2 發現裝有死海古卷的瓦罐
3 收藏死海古卷的聖書之殿外觀

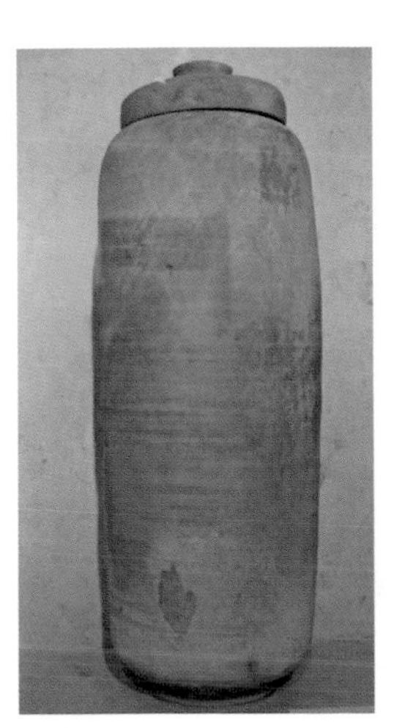

1
2

1 埃及風格人形棺材，可看出迦南南部地區受埃及文化的深遠影響

2 三千五百多年前的迦南人獅子浮雕

1 以色列北部發現公元前九世紀的石刻，是聖經以外最早提到大衛王的文獻記載

2 從猶太會堂挖掘出的馬賽克地板，可看見約櫃和金燈臺

1 身穿黑色大衣和禮帽，留著又長又捲的兩鬢

2 頭戴白色基帕及黑色護經匣，身穿禱告巾的猶太人

典型猶太人的堅持

我因為業務關係，在英國結識了一位典型的猶太人。我們自二〇一一年就開始合作，至今已有十餘載。每逢猶太節日時，不管在什麼場合，他總是戴上叫做基帕（Kippah）的黑色小圓帽。據他所說，小圓帽另有白色、藍色等顏色，是男性專用，而女性則配戴頭巾。此外，還有其他形形色色、不同樣式的黑色帽子與打扮，例如因為猶太律法禁止修剪鬢角，因此留成又長又捲的兩鬢（payot）；護經匣（Tefillin）戴在額頭和手臂上；衣服或褲子邊角佩帶長條流蘇樣式的飾物，

稱作繸子（Tzitzit），每逢祈禱時都要披上禱告巾（Tallit）；更有甚者，在祈禱後，要準備兩個把手的水壺或水杯，先用左手握住左把手，將水倒在右手，再換用右手握住右把手，倒水在左手，這樣重複三次洗手，才達到儀式上的潔淨。這就是猶太人的執著，儘管經歷過長時間的流離失所，始終堅持住這些儀式和裝束，堅持住對自己民族的認同，永不放棄與遺忘。我無言以對，唯有對他們佩服得更加五體投地！

講到猶太教的節日，也是多不勝數。我們每次約定在倫敦的開會日期，往往都需要遷就他的行程，絕對得避開這些節日，例如猶太新年（Rosh Hashana）、贖罪日（Yom Kippur）、住棚節（Sukkot）、誦經節（Simhat Torah）、哈努卡節（Hanukah）、普爾節（Purim）、逾越節（Pessah）、燔祭節（Holocaust Day）、陣亡將士紀念日（IDF Memorial Day）、耶路撒冷日（Yom Yerushalayim）、五旬節（Shavot）、禁食節（Tesha B'Av）等等。他一口氣唸出來，我一時半刻記不住，最後只好請他抄寫下來。

這位猶太老兄本身是法律專業，工作細緻認真，對每次開會的報告和報表，例必發問，且問題尖銳，回覆的答案資料稍有不足，他必定問個究竟，絕不放棄。不過在個人的社交分寸上，就不太能讓我們中國人所接受。例如，每次我們共用午餐、晚餐時，他必發問：「Who pays the bill?（誰買單？）」或都需先說明是採用 AA 制方式（各自付自己的餐費）。倘若每餐中有菜剩餘，他也毫不客氣，都要求打包帶走。這些行為與我們習慣的商業活動社交禮儀很不相同，然而他總是一臉認真，絲毫沒有半點尷尬。

特拉維夫白城

天剛發白，我乘搭的航班緩緩降落在以色列第二大城——特拉維夫的本古里安國際機場（Ben Gurion International Airport）。我循著指示路線，經過簡單的入境手續，便安然進入以國領土，整個過程非常順利，未有如坊間盛傳的百般刁難和嚴密，且大堂內部並未布滿荷槍實彈的軍警。以色列政府為了方便旅客，未在我的護照入境內頁蓋上印章，只發出一張單獨的小卡片，作為臨時的入境憑證。這樣一來，可避免我日後到中東的伊斯蘭國家時，遭到歧視或查詢，此舉措顯示以色列旅遊當局工作的周詳與體貼。

建國初期的首都大城

以色列建國初期，特拉維夫為其首都，直到一九八〇年才宣稱耶路撒冷是「永恆的首都」，然而此舉未得到世界大多數國家的承認。二〇一七年十二月六日，當時的美國總統特朗普正式承認耶路撒冷為以色列首都，並於二〇一八年五月將大使館遷往該處，引來不少爭議，令世界再起波瀾，當地局勢一度緊張。後事如何發展，還有賴世界大國之間的調停和處理了。

特拉維夫全名是特拉維夫—雅法（Tel Aviv-Yafo），一九四九年屬於新城的特拉維夫和老城雅法

從雅法回望特拉維夫新城

進行合併，其中新城建於一九〇六年，老城雅法則歷史悠久，據史學家的考察，公元前十八世紀，這裡早就是一個重要的港口了。僅有百年歷史的城市與四千多年古城合併，不單建築風格無法融合，更因兩城居民分屬猶太民族和阿拉伯民族，各自信奉不同宗教，箇中差異不言而喻。但這一切並未阻撓以色列人口最為稠密的城市持續發展，截至目前為止，人口已超過三百萬，更成為整個國家的經濟樞紐，並被列入中東生活費用最昂貴的大城市之一。

特拉維夫和雅法位於以色列西海岸的中間位置，兩者以一條臨地中海、長約十公里的海灘相連接，猶如鏈帶般，既讓兩城市民共同享受波光粼粼的海灣，又把不同的民族、不同的宗教結合在一起。

1 地中海美麗的夕陽

2 新城濱海區大樓隔開城中的舊樓房與大海

我入住的酒店位於新城濱海區的中心，陽台外是一望無際的地中海，每天映入眼簾的，是氣勢磅礡的日出、日落，或是變幻莫測的朝霞和雲海，在在令人著迷。新城區靠海濱一帶幾乎全是新款的酒店大樓，把城中的舊樓房與大海區隔開來。

包豪斯建築風格

舊城彷如一個獨立的城區，然而這才是特拉維夫最具價值、最具有吸引力的核心地帶，它集中了約四千多棟白色平房，從空中俯瞰，這些白色的建築在陽光照耀下，呈現出奪人的亮白，使特拉維夫榮膺「白城」的稱號。「白城」觀光已成為旅客來到以色列絕對不容錯過的一個重要行程。不過，白城到底在哪裡呢？若沒有獲得導遊指點，要找到它恐怕有些難度，因為白城並非一處特定的地點，而是分布在市內的幾條街道上，

一種稱作包豪斯（Bauhaus，或譯為包浩斯）的獨特建築風格。

參觀白城，最好選擇安步當車。在幾條街道上，包豪斯白色建築比比皆是，包括平房、大學校舍，甚至以色列工黨總部大樓都屬於這類建築。所謂的包豪斯建築風格，源自上世紀二〇至三〇年代，由德國人格羅皮斯（Walter Gropies）創立的一所包豪斯學校，建築設計風格注重現代、簡約、順其自然和方便實用。這種學派一度風靡整個德國，慢慢發展成一股現代主義的建築思潮。二戰期間，德國納粹對這群設計師進行迫害，包豪斯學校遭到關閉，許多設計師離開德國，有些人便移居到了特拉維夫。此時特拉維夫正進行城市規劃，其中十九位曾在包豪斯學校學習過的建築師把這款現代主義的建築風格一併帶過來，包豪斯於是成了市內的主導性建築，造就如此獨特的白城。

建築群集中在羅斯柴爾德大街、迪岑哥夫（Dizengoff）和比亞利科（Bialik）一帶，我漫步於街道上，彷彿來到一個包豪斯世界，被整齊美觀的建築所環繞。它們的外型多方正平頂，有點像火柴盒模樣，線條、結構簡單清晰，牆面多而窗戶小，玻璃與磚石相間，又有開闊的陽台設計。不過這些用混凝土建造的建築，經過近百年的風吹日曬雨淋，部分已出現斑駁剝落的痕跡。政府近年著手加以修復，到目前為止，其中約有一千多間被列入文化遺產，受到妥善的保護。

除卻自由漫步外，旅遊當局還設計了一條專門巴士線，以觀光巴士的形式，從市區的包豪斯中心（Bauhaus Centre）出發，穿梭在這幾條大街之間，讓旅客以輕鬆悠閒的方式欣賞到現代主義的建築風格。

即使非包豪斯的建築，仍多以白色為主調

我好奇為何建築群會以白色為主調，據導遊的解釋，設計師選用白色混凝土來建造房屋，是參考了地中海建築風格的石灰白。這些在陽光照射下閃耀光芒的房子，比起阿拉伯人居住的雅法老城更加顯著奪目，象徵猶太民族的重生，正符合建設城區當時社會上的氛圍，民族主義情緒日益高漲、猶太的復國蓄勢待發。

至於市內最繁華喧鬧的地區，要屬伊本・戈維羅大街（Ibn Gvirol Street）一帶，是旅客購物消遣的天堂，充斥著形形色色的咖啡店、餐廳、酒吧和商店。大街中央的區塊是市政府辦公大樓，樓房外觀普通不起眼，顯得有點寒酸，但倒也表現了公務人員的樸實作風。

拉賓遇刺身亡地點

市政大樓前面是拉賓廣場（Rabin Square），過去叫做國王廣場。廣場上主要為一座噴泉和不太特別的倒三角型藝術塑像，別無其他擺設，有點冷清，並沒有太多的吸引力留住旅客的腳步。反觀大樓側邊經常圍著一群群的遊客，神情肅穆地聆聽導遊的講述。一九九五年十一月四日，以色列前總理伊扎克・拉賓（Yitzhak Rabin）在參與和平大會後，步出大樓時被猶太激進分子行刺身亡，事後在遇刺的地點設置了紀念碑，堆放石塊，石碑上鐫刻著他被刺殺的時間。我跟隨著人群，默默向這位為促進以巴和平而努力的諾貝爾和平獎得主致意。

1 冷清的拉賓廣場

2 拉賓遇刺身亡地點的紀念碑

離開了令人慨嘆的紀念碑之後，導遊邊走邊向我提起，這一帶也是每年同性戀者巡遊慶祝的地區。以色列是全世界反歧視性傾向並且加以立法的國家之一，而特拉維夫對於同性戀者非常友善，號稱有五分之一的男性居民是同志，且是以色列和中東地區第一個舉辦同志遊行的城市。每年的慶祝節日上，逾十萬志同道合的人士穿上鮮豔色彩或性感的服裝，熱情奔放地在街上載歌載舞，非常熱鬧。對於以色列這樣一個充滿宗教氛圍的國家，居然會有如此開放的慶祝活動，我感到非常不可思議。

結束白城的遊覽，我繼續沿濱海大道步行，約半小時就來到老城雅法的入口。回望海灣後面的新城，眾多美輪美奐的建築，摩天大樓遍布，如今的白城已全然成為一座現代化城市，躋身國際大都會的行列了。

古城雅法

以色列人常說：「先有雅法，後有特拉維夫。」這座「雙子城」首都各自有不同的特色。特拉維夫是該國的文化金融中心，而雅法則是世界上最古老的城市之一。據考古研究發現，雅法在公元前七千五百年已有人類居住，海灣的地理位置，讓她很早就成為一個港口，歷經亞述人、羅馬人、希臘人、土耳其人和埃及人的占領和管治，當中更遭到十字軍東征的戰亂，數千年來歷經多個王朝的更迭和戰爭，今天依然歷久彌新。

對於雅法這個名稱的由來，傳說與《聖經》故事中的先知約拿（Jonah）傳福音有關。據旅伴Brenda所述，當年上帝要先知約拿到亞述帝國的城市尼尼微傳福音，約拿並未遵從上帝的命令，反而來到約帕（Joppa），乘船前往他施。耶和華在海上興起大風浪，為求平息風浪，約拿要船員將他拋進海中，海浪果真平息下來。約拿在海中被上帝安排的大魚吞進腹中，經過三天三夜的祈禱與反省，終獲上帝原諒，被大魚吐出來。Brenda說，這段福音故事出自《舊約聖經》中的《約拿書》，而故事中提到的約帕，就是現今的雅法，意思是「美麗可愛之城」。

鄂圖曼帝國時期建造的
鐘樓

後來，我搜尋資料，又看到另一個有關雅法名稱的版本：據傳雅法是由雅弗（Japheth）所建立的城市，城市也以「雅弗」為名，隨著時間的推移，名稱慢慢演變為「雅法」。這位雅弗來頭不小，正是《聖經．創世記》那場毀滅萬物的大洪水中，倖免於難的挪亞的兒子。

走進古城，第一眼就見到鄂圖曼帝國時代建造的鐘樓和市政府大樓，這兩處目前都成為古城的地標，特別是鐘樓，鄂圖曼帝國時期在巴勒斯坦建造了七座鐘樓，它是其中之一，當時是為慶祝蘇丹阿卜杜勒．哈米德二世登基二十五周年而建。鐘樓不單已有一百多年歷史，更被認為是當地最重要的鄂圖曼伊斯蘭建築古跡之一。

我來過古城兩遍，都沒有導遊的陪同。據導遊說，古城地方不大，因此僅向我們介紹了一下必遊的景點，就撒手讓我們自行徒步漫遊了。

我們從鐘樓旁邊的舊清真寺作起點，雅弗街（Yefet St）是城內的主要大街，兩邊是古樸的阿拉伯式和鄂圖曼時代的舊樓房。雅法古城朝海依山而建，靠山的一側有塊區域為當地著名的跳蚤市場，喜愛淘寶的人士可以在這裡耗上一整天，或許能尋到一些鍾愛的古董文玩，也可以在各具特色的咖啡館裡挑選一家，消磨時間。

往下走到海港的一邊，是古城的精華部分，政府近年來很重視對古城區的維修和改造，致力使古城恢復舊貌。我沿著階級踏上石板小徑，悠久歲月下的人來人往，將石板磨得發亮。

宛如迷宮的石板小徑，是以十二星座標記

1 古城一隅

2 在古城遇到一對幸福的男女

這些彎彎曲曲如迷宮的小徑，是以十二星座來標記，很有特色。如今這一帶成為藝術家的聚集地，有不少創意工作坊、畫廊、古董店和時尚的首飾店等等，充滿濃厚的文化氣息，相當受到年輕旅客的歡迎。我在港口邊的廣場上，赫然見到一尊鯨魚的銅像，卡通的造型頗具童趣，這又是與《聖經》中約拿的神跡故事有關。

1 古城的藝術家和她的雕塑作品
2 聖彼得教堂與星座噴泉

老城山丘上的凱杜明廣場（Kikar Kedumim/Kedumim Square）周邊有多棟建築，例如猶太會堂、教堂和修道院，其中以聖彼得教堂最有名氣，它剛好就位在古城的最高點。我們前來雅法的途中，在濱海大道就能見到教堂高聳的鐘塔，算是古城的另一座標誌建築。

信念門

亞伯拉沙公園及遠方的特拉維夫新城

下一個重點景點是亞伯拉沙公園（Abrasha Park），此處曾經挖掘出古埃及法老王的遺跡，另外還有一座許願橋，上面有十二星座的圖案，據說摸著自己的星座向面前的地中海許願，願望便能成真。廣場觀景台上有一座巨型的「信念門」，雕刻《舊約聖經》中的故事，門的左右兩柱分別刻著雅各和亞伯拉罕的故事，上端的橫樑則刻了關於死海西北岸古城耶利哥（Jericho）陷落的傳說。

我們從高處眺望綿延數里長的海灘，以及更遠一些的地中海。在午後的陽光映襯下，視野清晰、一

覽無遺，海水更是清澈湛藍。迎著海風，不由得幻想起一番奇遇，不知海上是否會突然冒出一條大鯨魚，重演當年約拿的故事！

離開古城前，我們最後來到老港口區域，這裡經過徹底改造，不僅鋪就了一整片寬闊的木板路，舊時棄置的倉庫也變身為時尚的購物中心，讓我們有了選購紀念品的好機會。海濱一帶還保存著一座綠頂的燈塔，不過如今改變了用途，成為了清真寺的宣禮塔。濱海大道旁的淡黃色花崗岩石房屋排列整齊，此刻夕陽西下，反射著斜陽，這些房子顯得更加明亮耀眼。

綠頂燈塔變為清真寺的宣禮塔

1 老港口購物街

2 港口區的悠閒時光

從耶路撒冷走來

人們不是走向耶路撒冷，
而是從那裡回來，
沿著一條代代相傳的路，
滿懷希冀，渴望被救贖。
人們把記憶裝進帆布背包，
在崇山峻嶺中艱難地跋涉，
鵝卵石鋪成的小徑上，
人們虔誠地為往日的記憶感恩。
人們不是走向耶路撒冷，
而是從那裡回來。

註：詩作引自《致耶路撒冷（To Jerusalem）》，原詩以意第緒語（Yiddish）寫成，作者伊扎克・雅思諾維茨（Yitzhak Yasinowitz），中文譯者為葛靜。

作為猶太人、基督徒和穆斯林共同的聖城，耶路撒冷（Jerusalem）本身就是一個信仰。在古希伯來語中，耶路撒冷代表「和平之城」，但在踏進這座聖城之前，我的腦海裡總是不斷重複盤旋著各種對於它的印象：宗教、古老、戰亂、苦難、應許之地、榮耀、以巴衝突……等等，卻唯獨忽略了它「和平之城」的本意。世界上還真沒有哪座城市像耶路撒冷一樣，幾千年來紛爭不絕，它應該叫做「紛爭之城」才更為貼切。在這兒的每塊磚石都彷彿刻上了神聖的印痕，另一方面，每個角落又似乎泣訴著在信仰、宗教的名義下所犯過的滔天罪行。無論是猶太人遭受的迫害、以巴衝突……實在很難界定何者的遭遇較悲慘，正如齊邦媛教授在她的著作《巨流河》中寫到：「災難是無法比較的，

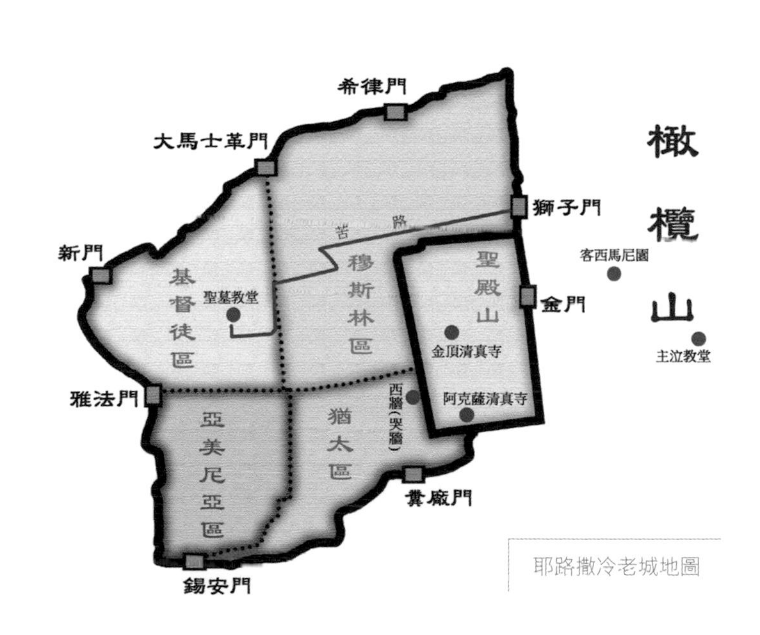

耶路撒冷老城地圖

從橄欖山遠眺聖殿山金銀頂清真寺

對每個受苦的人，他的災難都是最大的。」沒有哪一方稱得上是真正的勝利者，聖城只能沉默地任由人們前仆後繼地在這片土地上爭鬥不休，灑滿血淚。

耶路撒冷分為東、西耶路撒冷，還有一個帶著城牆的老城區。它的建築多使用石材，也有石頭城的稱號。我在二〇一六和二〇一八年兩度訪遊聖城，在第二趟的旅程中，才頭一遭登上橄欖山（Mount of Olives），此趟行程也從這個地方揭開序幕。

橄欖山位於耶路撒冷東部，顧名思義，因過去栽種橄欖樹而得名，當然如今滿山的橄欖樹已不復見。耶路撒冷有幾座和宗教劃上等號的山丘，像是橄欖山、錫安山和瞭望山等。猶太、基督、伊斯蘭三

耶路撒冷老城的金門

教均認為橄欖山與世界末日有關聯。猶太教認為末日到來時，彌賽亞救世主會在此降臨。《聖經》中也記載不少關於耶穌當年曾經在這裡活動的敘述，包括祂與門徒聚會、遭到抓捕，以及復活後在此升天等等。

我站在橄欖山的觀景台上，隔著一條汲倫溪谷（Kidron Valley），眺望對面的老城區。在老城區的中心地帶，清晰可見一金一銀兩個圓頂。該處名叫聖殿山（Temple Mount），猶太人先後曾有兩座聖殿建蓋於此，但都遭到摧毀。今日如同一頂金冠矗立於聖殿山頂的，是金頂清真寺；銀色寺頂的則是阿克薩清真寺（Al-Aqsa Mosque），又叫極遠清真寺。此處與麥加、麥地那同為伊斯蘭教的三大聖地。

1 數量驚人、規模龐大的墓地
2 猶太人掃墓祭悼時會放上石頭

從觀景台俯首望去，下方一帶皆是猶太人的墓園。據猶太傳說，救世主在此降臨時，埋在這裡的先人將最先得到復活並見到彌賽亞，因而虔誠的猶太人不論貧富都希望能在這裡為先人設立墓塚。最古老的墳墓可以追溯到公元前九百多年的所羅門王時期，近代如曾任以色列總理的貝京（Begin，臺灣譯為比金）也葬於這裡，古與今交會在這片萬人墓地，講述著悠久的歷史。我只是個行程緊迫的旅客，在這兒短暫停留，默默聆聽導遊的故事，雖不太能理解猶太人的想法與期盼，卻也被這數量驚人、規模龐大的墓地所震懾。

圓錐屋頂的古代墓葬，傳說為大衛王兒子押沙龍之墓，近期研究發現其年代為公元前一世紀

從橄欖山沿路而下，據說耶穌曾在此向祂的門徒預言耶路撒冷即將因為一場浩劫而遭毀滅，並潸然淚下。如今與聖殿山相對的山坡上，矗立的是一座規模很小，但設計頗獨特的教堂——主泣教堂（Basilica of Dominus Flevit）。設計者是義大利人安東尼・巴魯茲（Antonio Barluzzi），他將教堂的圓頂設計成眼淚的形狀，象徵耶穌之淚，四個角落安上的瓶子則用來收集眼淚。教堂正面是一面大窗戶，朝向耶路撒冷，自教堂內部朝窗外看去，窗上的優美線條與外頭的景色融為一體，構成一幅美麗的圖畫。祭壇上有幅馬賽克砌拼的「母雞和小雞」圖案，意思是耶穌如同母雞一般，保護代表信徒的小雞。有點像我童年時「麻鷹捉雞仔」（臺灣慣稱「老鷹捉小雞」）遊戲的意思。

主泣教堂的圓頂設計成眼淚的形狀，象徵耶穌之淚，四個角落安上的瓶子則用來收集眼淚

祭壇上有幅馬賽克砌拼的「母雞和小雞」圖案

兩千多年來，世界各地的朝聖者們來到這座聖城，一定會順道拜訪主泣教堂隔鄰的客西馬尼園（Garden of Gethsemane），親自感受這裡的一磚一石。園門口有一節石柱，千年來被人們撫摸得光滑油亮，據說這就是耶穌遭到猶大出賣的地方。猶大經不起人性考驗，從此成為背叛者的代稱、千古的罪人。他的所為不僅為教徒們所唾棄，即使非教徒如我，也對其感到憎惡。

客西馬尼在希臘語中是「榨油機」的意思，估計這裡曾經是榨取橄欖油的作坊或工廠，現在已變為繁花似錦的園區，園中有數棵逾兩千年歲數的老橄欖樹。Brenda 是虔誠的教徒，熟讀《聖經》福音書中的章節，講起宗教故事來，一點都不含糊：耶穌被釘上十字架的前一夜，與十二門徒共進最後晚餐後，與門徒來到這裡禱告。耶穌知道將會被出賣、遭到逮捕、鞭打、審訊，以及被釘死在十字架上，於是祂抱著憂傷的心情前後三次向上帝禱告，以完成上帝的旨意。

1 客西馬尼園的古老橄欖樹
2 客西馬尼園門口石柱據說就是耶穌遭到猶大出賣的地方

儘管自公元三七九年起，園區內就蓋建起教堂，卻多次遭受破壞、摧毀。直到一九一九年才由十二個國家募捐籌建，設計師與主泣教堂是同一位，一九二四年教堂竣工建成，因為經過多國的資助，所以稱為萬國教堂（Church of All Nations）。教堂內，許多信徒擠在祭壇前，都想親眼目睹地上一塊大岩石。據 Brenda 的解說，耶穌受難前一夜便是在這塊岩石上傷痛地禱告，因此它也叫做傷痛石（Rock of Agony），而萬國教堂又名傷痛教堂（Basilica of the Agony）。信徒們不遠萬里而來，

傳說耶穌在此禱告的傷痛石

就是為了跪在岩石前，莊重地親吻它。我則是環視教堂四周，著重瀏覽彩色琉璃窗戶和鑲嵌的壁畫，以及拜占庭風格的圓頂穹窿和列柱。

導遊還領著我走到教堂外欣賞它的外貌。建築相當宏偉，由四組柱子形成三道拱門，承托著一個等邊三角形的山形牆。四組柱上分別豎立手捧福音書的馬太、馬可、路加和約翰塑像；山形牆則是金色馬賽克鑲嵌畫，以中央、左和右三組人物平衡整個畫面。正中間是穿著深紅色長袍、戴著榮耀光環的耶穌，耶穌上方是上帝，

耶穌受難前在岩石上傷痛禱告的雕塑

拜占庭風格的圓頂穹窿和列柱

萬國教堂由四組柱子形成三道拱門，承托一個三角形山形牆

被眾天使環繞著，手執一本書卷。經過導遊的提示，我才知道書上的兩個希臘字母A和Ω原來是闡述《啟示錄》中的一段：「我是阿拉法，我是俄梅戛，是昔在、今在、以後永在的全能者。」

橄欖山一帶的教堂和聖跡不少，像是馬利亞墓教堂、抹大拉的馬利亞教堂、升天教堂、俄羅斯升天教堂等等，不過我並未一一參觀，將重心轉往對面的老城區，繼續追尋其他的宗教故事。

苦路上的感悟

耶路撒冷是一個在千百年的歲月中，摧毀與重建不斷循環往復的城市，但即便歷經世間滄桑，依舊生生不息。每種文明都在此留下印記，每個宗教信徒也有各自的儀式和生活方式，雖然在同一座城市中比鄰而居，猶太人、基督徒、穆斯林卻都活出了自己的耶路撒冷。

雖然我本身是個不折不扣的無神論者，並非任何宗教的信徒，然而此刻身處耶路撒冷老城狹窄的街弄中，眼之所見、耳之所聞、心之所感，宗教已然成為無可迴避的存在。據統計，

雅法門

三教中以基督教超過二十五億的人口最多，也是分布最廣的宗教。平均每三個人中，就有一位基督徒。對於眾多信徒來說，耶路撒冷是他們窮盡一生都想要來朝聖一次的聖地。這麼多人的畢生夢想就是來到這裡，我又豈能不到此地一遊呢！

1 獅子門
2 金門

1 前往聖墓教堂途中的石板道路

2 第三站，耶穌背十字架第一次跌倒的地方

耶路撒冷不足一平方公里的老城區被一堵石牆包圍，可說是聖城中的聖城，古城及其城牆在一九八一年登錄為世界文化遺產。城牆共有八座城門，分別是雅法門（Jaffa Gate）、新門（New Gate）、錫安門（Zion Gate）、糞廠門（Dung Gate）、大馬士革門（Damascus Gate）、希律門（Herod's Gate）、獅子門（Lion Gate）和金門（Golden Gate），可以順著縱橫交錯的石板街道穿過暢通無阻的城門進入老城內。其中唯有金門呈封閉狀態，原因有一說是十一、十二世紀時為抵禦十字軍而封閉；另一說是一五四一年由鄂圖曼帝國的蘇丹下令封閉，因為根據猶太傳說，救世主彌賽亞會從金門進入耶路撒冷。

從老城東面的獅子門走進去，經過蜿蜒的窄巷石階，以聖墓教堂（Church of the Holy Sepulchre）為終點，這段從耶穌被抓、受審、背負十字架一路承受苦難，最後被釘上十字架死亡乃至復活的過程，自一七三一年開始，由當時的教皇克萊蒙確定路線和朝聖的儀式，稱為「苦路（Via Dolorosa）」。據導遊講，每周五的下午，方濟會的神父會沿著耶穌受難的足跡走一遍，上千人一站一站祈禱唱經，誦讀《聖經》中的有關章節，場面令圍觀旅客感動。我的到訪時間並未碰上這項活動，未能實際見識那樣的情境，內心卻已經被他口中描述的浩蕩場景所觸動。

我兩度來到耶路撒冷，都跟隨導遊完整地將「苦路」走過一遍，認真地經歷一段「耶穌受難記」。苦路總共有十四站，街道邊的小教堂、石柱、拱門、石板路、牆上的印記等等，都被認為是聖人所遺留的點滴見證。

最後五站在聖墓教堂，每天都有成群的信徒排列長長的隊伍，耐心等候進入心馳神往的聖地，瞻仰與耶穌有關的塗油石以及其他聖跡。我用心聆聽導遊在每站的解說，無奈沒辦法全部記得一清二楚，只能勉強把印象較深刻的幾處留下文字記錄。或許因為第二趟的導遊是中國人，又恰好是一名虔誠基督徒的緣故，在他聲情並茂地講述中，再一一對照途中的各種標識物，腦中不由得跟著浮現出畫面來。無論是耶穌跌倒的地方，或是遇到面帶哀痛的聖母馬利亞趨前扶持，抑或聖女維羅妮卡（Veronica）用自己的頭巾擦拭耶穌臉上的血和汗，這些情景彷彿歷歷在目，而此刻，聆聽故事的我是不是信徒，似乎顯得不那麼重要了。

第四站耶穌與聖母
馬利亞相遇的地方

1 第六站聖女維羅妮卡為耶穌擦去汗血的地方

2 第七站耶穌第二次跌倒的地方

返回酒店的途中，我依舊沉浸於導遊繪聲繪影、真情流露的講述中，不過思緒也漸漸回歸理智，開始更深入去思考從導遊那兒接收到的訊息。的確，耶穌是一位無畏的踐行者。祂不懼猶太大祭司的侮辱，亦不屈於羅馬統治者的殘暴酷刑，至死堅持和捍衛自己的信仰，正符合英國作家毛姆（William Somerset Maugham）在《剃刀邊緣》（The Razor's Edge）一書中引用印度教聖典《羯陀奧義書》（KATHA UPANISHAD）的句子：「剃刀邊緣無比鋒利，欲通過者無不艱辛；是故智者常言，救贖之道難行。（The sharp edge of a razor is difficult to pass over; thus the wise say the path to Salvation is hard.）」其行止實在令人感服！

然而，再強大的信仰，也拯救不了最脆弱、最易動搖的人性。卑鄙的門徒猶大為了三十個銀幣而把耶穌出賣給猶太教的祭司，令羅馬統治者將祂抓捕起來。讓我費解的是，身為首席門徒的彼得，居然也會三次不認耶穌。《聖經》中記載，耶穌在受難的前一夜，已經預言彼得與其他的信徒會在羅馬士兵的淫威下，因為害怕受到牽連而三緘其口。猶太大祭司對耶穌進行審問期間，有人指認彼得是耶穌同夥，其居然當眾否認，說：「我不曉得你說的是甚麼。」在他人持續的指證中，彼得更接連兩次發咒起誓：「我不認得那個人。」（馬太 26:70-74）這位跟耶穌關係最為親密的首席門徒，不久前還信誓旦旦地說：「我就是必須和你同死，也總不能不認你。」（馬太 26:35）耶路撒冷錫安山上也有座「雞鳴教堂（Church of St. Peter in Gallicantu）」便是紀念這件事。這幫信徒缺乏勇氣、沒有擔當，將否認或是沉默作為一種自我保護的機制，對於世人皆知的事實，仍可以概不承認。不過他們迫於外界的人性中，終究還是有善良的一面，在事後表現出自責後悔。所以有了猶大後來的上吊自盡，而彼得經過懺悔後，最終仍能修成正果，被封為基督教的第一代教皇。

耶穌救世人，而世人卻要耶穌死，回想導遊在這段苦路行程中的種種述說，不免為祂感到悲嘆痛惜。人們在祈求神靈護佑時，經常會忘了自我反思。這錯綜複雜而脆弱的人心，恐怕也只有耶穌那般的寬宏大度才可以予以原諒了。

次日清晨，我特意早起，趁著遊客還未湧現之際，一個人再次到苦路上獨行。耶路撒冷的老城還未甦醒，周遭仍處於一片靜寂。我懷著平靜的心情，踏上被晨露沾濕的古老石板階梯，眼前彷彿看見兩千多年前耶穌背負十字架蹣跚前行的身影，卻不禁對祂、對耶路撒冷多了一份敬意，無關信仰，無關宗教。

基督教最神聖的聖地

耶路撒冷有三大宗教最神聖的地方，分別是基督教的聖墓教堂、猶太教的哭牆和伊斯蘭教的金頂清真寺。我並未信仰任何宗教，自然毋須受到教義的束縛，可以任意參觀這三個地方，於是索性來一趟三教聖地之行。

1 聖墓教堂入口處

2 第十站耶穌被羅馬士兵剝奪衣服等候受刑的地方

聖墓教堂，又稱復活教堂，「苦路」的最後五站皆位於此，傳說耶穌便是在這地方死而復活。來到教堂的區域，在正門的右側有條陡斜的階梯，通往一座禮拜堂，此為第十站，耶穌被羅馬士兵剝奪衣服，等候受刑的地方。接著進入教堂內，登上十多級又窄又陡的石階，樓上祭壇的所在地，如今屬於羅馬天主教的釘十字架小教堂（Chapel of the Nailing to the Cross），即為耶穌被釘上十字架的骷髏山。地板上是馬賽克鑲嵌的圖案，壁畫則繪述了耶穌受難的經過。

1 左側為十二站，前方進行儀式的地點則為第十一站

2 第十一站被釘上十字架處，如今是屬於羅馬天主教的釘十字架小教堂

1 第十二站是十字架豎立之處，耶穌便是斷氣於此

2 大石上有條裂縫

第十二站是十字架豎立之處，耶穌便是斷氣於此，《聖經》記載祂斷氣前發出最後一句話「成了」，隨即出現「地也震動，磐石也崩裂」（馬太 27:51）的現象，今天這兒一塊大石上還清晰可見一道裂縫。一旁希臘東正教的十字架小教堂（Chapel of the Crucifixion）祭壇下，有個圓孔，傳言是當年豎起十字架的位置，信徒們都紛紛俯身，從洞口撫摸大石。

第十三站塗油石

耶穌死後，門徒將祂的屍體從十字架解下來，放在一長型石灰岩板上，門徒和信眾在耶穌屍體上灑上沉香、沒藥和聖母馬利亞的淚水，再裹上麻布，長石因此稱為「塗油石」。信徒們紛紛虔誠觸碰撫摸這個石板，還有人跪在石板旁，喃喃唸誦。

聖墓教堂裡面燈光昏暗，神祕感倍增。內部的結構也很複雜，特別多拐彎轉角和柱子，有如一座迷宮。在一個圓形穹頂的大廳中央，有座天使教堂，教堂祭壇後方一個小石室，是被基督教視為最核心、最神聖的地方，也就是「聖墓」所在，據說耶穌便是被埋葬在這裡，且於死後三天在此處復活。《聖經》描述，門徒發現埋在墓穴的屍體不翼而飛，並見到一位天使站在一塊石頭上，向他們宣布耶穌已經復活。

「聖墓」空間很小，每次只容納四、五人進入，更由於它是教徒必到的聖地，每天都排著長長的人龍。不過這天我來得很早，又恰巧遇到樓上祭壇正進行祈禱儀式，因此未有太多旅客和教徒排隊，使我得以輕鬆入內，十分幸運。不過裡頭只見到一塊大理石板和耶穌像，傳聞石板底下才是他真正的墓穴。

穹頂大廳中央有座天使教堂，教堂祭壇後方小石室就是聖墓所在

穹頂十二道光芒象徵耶穌的十二位門徒，前端的三角叉紋象徵聖父、聖子和聖靈三位一體

大廳的圓形穹頂中間有面透光的窗戶，被十二道向外伸延的金色光芒所環繞，彷彿太陽一般。原來這設計具有特別的意義，十二道光芒象徵耶穌的十二位門徒，而光芒前端的三角叉紋則象徵著聖父、聖子和聖靈三位一體。

這裡頭的學問還真不少，若非虔誠教徒，大概只能仔細聆聽導遊詳解，才能領會到箇中含意。從未接觸過《聖經》如我，到了耶路撒冷就只有光聽解說的份兒了。

若要探索教堂的歷史，可就說來話長。耶穌死後，約二世紀羅馬皇帝哈德良時期，此處建了一座維納斯神廟。直到君士坦丁大帝時，不但將基督教合法化，並讓他的母親海倫娜（Helena）來到耶路撒冷追尋耶穌聖跡。她在當地人的指引下，挖出耶穌被釘的十字架，並確認此為耶穌受難地。公元三三五年，君士坦丁下令夷平神廟，在原地建起聖墓教堂。

未料教堂建成後卻歷盡滄桑，幾度經歷波斯人、拜占庭人和穆斯林的毀滅和重建，又遭受火災、地震和戰亂的摧殘，加上十字軍的重建和修葺。今天我們所見到的聖墓教堂，其實是由好幾座小教堂和禮拜堂拼合而成，更由羅馬天主教會、希臘東正教會、亞美尼亞使徒教會、敘利亞東正教會、衣索比亞東正教會和科普特東正教會等六個不同的教派共同使用和管理。仔細觀察教堂內部，不難發現這兒的建築居然是柱中有柱、牆內有牆，祭壇林立，擺設各具特色，令人看得目不暇給、眼花繚亂，若沒有導遊解說，根本很難弄個明白。

這麼多的教派，自然會在各方面有不同的見解，產生爭執。一七五七年，為了平復各教派的爭端，達成共同管理的協議，鄂圖曼帝國的蘇丹公布詔書，規定六個教派共同管理聖墓教堂，任何教派未得到其他五個教派同意，無權單獨私自處理任何財產。聖墓教堂正面窗戶的下方，有一把木梯，叫做現狀梯子（Immovable Ladder），因為詔書頒布的內容，使得它自鄂圖曼時代開始就放在同一個地方，見證兩百多年來各教派的紛紛擾擾。

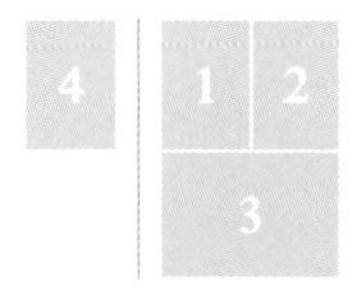

1 抹大拉馬利亞教堂 (Church of Mary Magdalene) 祭壇上雕塑描繪她與耶穌的相遇

2 方濟會修道院 (Franciscan Convent) 的小教堂

3 聖墓教堂一隅

4 柱中有柱、牆內有牆

猶太人的傷痛

儘管耶路撒冷古城面積不大，若然沒有導遊領路，要輕易地找到猶太人的聖地——哭牆（Wailing Wall），也是頗費周折的。

我離開聖墓教堂後，穿過曲折迂迴的街道，轉入猶太區繁華的商業步行街，只見到處是紀念品商店和餐廳，來往的旅客絡繹不絕。比步行街還低一層的地方，有處古羅馬遺跡，包含石柱、牆壁和拱門等，一九八〇年才挖掘出來。

1 羅馬時代南北大道遺跡

2 約旦聖喬治希臘東正教堂內的馬賽克地板，被城牆圍住的就是耶路撒冷，可清楚看見貫穿全城的大道

耶路撒冷考古公園及戴維森中心

原來羅馬時代有一條貫穿古城南北的主要大道（Cardo Maximus），根據現場的復原圖，可以了解到大道上應有兩排石柱，拱門則有市集商店的用途，旅客因此得以更加了解古城當年的模樣。我曾經在約旦馬達巴城（Madaba）的聖喬治希臘東正教堂內，看過地板上一幅具有千年歷史的馬賽克拼貼地板，內容以耶路撒冷為中心，地圖上就可以清楚看見這條主要大道。

走過蜿蜒的步道，來到一座考古公園，名叫戴維森中心（Davidson Center）。這兒展示聖殿山的歷史與考古，旅客可以觀看按時放映的古城遺跡發掘過程，並以電腦虛擬實境動畫的方式，讓旅客跟隨兩千年前朝聖者的腳步前往聖殿山，古城昔日輝煌盛況重現眼前。再往前是保護區，我站在觀景台上，對面就是聖殿山。俯望下面的古城、拱門和一堆堆巨石碎礫，據說巨石是公元七〇年被羅馬人所毀掉的第二聖殿牆壁。

מנורת הזהב
Golden Menorah
שוחזרה לראשונה מאז חורבן בית שני
עפ"י מחקר שנעשה במכון המקדש
Was recreated for the first time
since the destruction of the second temple
according to the research conducted by the Temple Institute
תרומת הנדיב
ואדים רבינוביץ
Generously donated by
Vadim Rabinovich

金燈臺

旁邊陳列一座金燈臺（Golden Menorah），它是猶太教的聖物，亦是以色列國的象徵。然而，時隔一年半，當我再度返回當地，不知何故，金燈臺已被移離原址了。

考古公園往前走下十幾級階梯，通過安檢站，眼前出現寬闊的露天廣場，一堵石灰岩牆壁在廣場前面，它就是猶太人的聖地——西牆（Western Wall），或是更為出名的稱號——哭牆。

兩千年來，流浪在世界各角落的猶太人回到耶路撒冷，一定會來到這面石牆低聲禱告，哀悼羅馬人對聖殿的毀滅，哭訴他們流亡之苦。

1 猶太人在西牆前禱告

2 西牆牆身有多層分別，底層以巨型岩石疊砌，上方岩石更小更細密，是在不同時代建築起來的

我帶著對猶太民族的敬意，緩步走向哭牆。哭牆的總長度有四百八十八米，不過在廣場上露出的部分只有長五十七米，高十九米，其餘大部分牆身隱藏在聖殿山和穆斯林區的民居下面。哭牆其實並非聖殿的牆壁，而是聖殿山擋土牆的一部分，聖殿早就被摧毀殆盡，哭牆不過是殘存的牆基。石灰岩材質的牆身結構明顯有多層分別，底層部分是以巨型的岩石疊砌，往上兩層的岩石較小，排列得更細密，不難看出是在不同時代建築起來的。

哭牆廣場分為男女兩區，右邊為女性祈禱區，隔牆另一邊為男性祈禱區

1 威爾遜拱門通道內的正統派猶太教徒，後方為妥拉櫃（藏經櫃）

2 正統派猶太人在西牆前閱讀經書

哭牆廣場分為男女兩區，右邊為女性祈禱區，左邊和威爾遜拱門（Wilson's Arch）伸延的通道則全為男性。男性不管是否教徒，進入祈禱區時，必須戴上帽子或猶太基帕小帽，以示對上帝的尊敬。我在祈禱區見到有的猶太人站在牆前，手捧經書誦經；有的呢喃細語，搖頭禱告。更有不少人把寫滿祝福字句的紙條和請願書塞進岩石縫隙中，他們相信這樣是得到上帝回應最快、最為有效的方式。通道裡面的人更多，有的戴上黑色寬邊禮帽，他們是正統嚴謹的猶太教徒。這些人捧著從妥拉櫃（藏經櫃）借來的經書，肅立誦讀，非常虔誠。

猶太人到底為何如此傷感？又是什麼力量凝聚這個民族的精神，千年不散？或許只有先了解這個民族的歷史，才能有所體會。這得追溯到公元前兩千多年，根據《聖經》的記載，「信心之祖」亞伯拉罕（Abraham，也就是伊斯蘭教所稱的易卜拉欣，他是猶太人和阿拉伯人共尊的祖先）在上帝的指引下來到迦南地（現今的以色列一帶）。由於他對上帝的忠心虔誠，上帝便將迦南地許諾給亞伯拉罕、他的兒子以撒及其後裔，這就是「應許之地」的由來。後來上帝更替以撒的兒子雅各賜名為「以色列」，以色列國名由此而來。

公元前十一世紀，亞伯拉罕的後裔大衛建立了以色列王國，定都在耶路撒冷。大衛王之子所羅門當上國王後，為了感謝上帝的恩賜，大興土木，在城內建起了一座宏偉的所羅門聖殿敬拜上帝，自此成為猶太人最神聖的聖地，此為「第一聖殿」。

公元前六世紀，巴比倫人入侵，將第一聖殿摧毀，猶太人遭到流放，直到五十多年後，猶太人才在波斯人的協助下，回到故地重建聖殿，亦即「第二聖殿」。

耶穌在伯利恆出生後，到了公元三十年左右，開始向人們宣傳真理，傳播福音。有關耶穌的神跡故事，在我往後的旅程中聽到更多，且讓我暫時按下不表。由於耶穌的信眾越來越多，惹來猶太祭司的不滿，於是煽動猶太人民，汙衊耶穌會衝擊猶太教，設法要把耶穌處死。最後這部分，就是我們所熟知的「最後的晚餐」和耶穌踏上十四站苦路的故事了。

猶太人對耶穌的迫害，最終在耶穌死後三十多年後得到「報應」。公元七〇至一三五年，猶

不少人把寫滿祝福字句的紙條和請願書塞進岩石縫隙

太人遭遇羅馬皇帝前後三次的征伐，大興殺戮，將耶路撒冷夷為平地，並毀了第二聖殿。而猶太人遭到放逐，從此成為流離失所的民族，近兩千年之久。這個可憐的民族在世界各地經過無數次被驅逐、被屠殺，直到一九四八年才得以復國。

傳說第二聖殿被摧毀時，有六位天使坐在聖殿殘破的牆上哭泣，他們的淚水滲入石縫間，將石塊黏結在一起，使得這面牆永遠屹立不倒，這便是後來的哭牆。兩百多年後的拜占庭時代，君士坦丁大帝允許猶太人每年回到故鄉憑弔一次。經歷了如此災禍的民族，內心焉能不感傷痛？所以他們每次來到哭牆前，思前想後，回憶民族的悲慘，一時悲憤交加、感觸良多，淚水就隨之奪眶而出。

我在哭牆前，見到這個擁有悲劇性歷史，如失根浮萍一般，缺乏歸屬感的人民，面對經歷千年風雨的巨大石牆，以手、以額、以身體觸摸牆身，未知這些舉止是否真能夠撫慰他們的傷痛。「萬物皆有裂痕，那是光照進來的地方。（There is a crack, a crack in everything. That's how the light gets in.）」加拿大詩人萊昂納德・科恩（Leonard Cohen，臺灣譯為李歐納・柯恩）的經典名句正好祝福那實在經歷太多苦難的猶太民族。

伊斯蘭教的聖殿山

在哭牆感懷於猶太人的哀傷後，我的下一站是被視為耶路撒冷第三個宗教聖地的聖殿山，穆斯林心目中最尊貴的聖所之一。

哭牆廣場的末端是管制嚴密的安檢區，也是觀光客登聖殿山的唯一通路。它是一條架空的天橋通道，旅客先通過嚴格的安檢方能進入。我來到的時候，這裡早就集結大批旅客，列隊等候登山。

導遊表示早先原有多個路口通道可以登上聖殿山，鑒於民族和宗教之間錯綜複雜的矛盾，過去幾十年曾引發多次衝突，間或發生狂熱宗教人士的縱火行為，為了保護聖地，政府做了很多防衛的措施，其中包括將旅客登山的路線限制為天橋通道這一條，其餘都是只出不進的單行道。

與當地軍警合影

天橋通道為目前觀光客前往聖殿山的唯一通道，左下方為西牆廣場

此外，每一個站點都有荷槍軍警守衛，確保不會出亂子。一旦出現宗教、民族的衝突，聖殿山會視情況隨時「封山」，禁止旅客入內。同時，每天也限制訪遊聖殿山的人數和時間，不准人數過多或逾時。在種種規定和意外狀況之下，想要順利「朝聖」可不是件易事。幸而我來到的這天不是宗教節日，也非旅遊旺季，輪候了半個小時，總算順利進山，展開第三個聖地之行。

天橋通道的左右兩邊分別是哭牆和羅賓遜拱門遺址，拱門建於約公元前二○年的古羅馬時代，是第二聖殿的擴建部分，如今成為學者的考古場所。期盼在這些專家的努力下，挖掘出更多的古跡文物，更加揭開聖城歷史的神祕面紗。

走到天橋盡頭，眼前是開闊的廣場，擺放許許多多殘缺的柱基和柱頭。廣場雖然寬廣，旅客卻很少，原因是聖殿山上的兩座清真寺不允許非穆斯林入內參觀，所以旅客們都是匆匆而過，少有佇足久留在廣場上。

聖殿山上一金一銀兩座清真寺，早前我在橄欖山時曾遠遠眺望過，如今親身來到它們面前。首先見到是頂端有個銀灰色圓頂的阿克薩清真寺，高八十八米，寬三十五米，外形方方正正，除了銀頂，外牆看不到什麼多餘的色彩粉飾，呈現樸實穩重的風格。不過據說內部大殿有一百零二根立柱，相當雄偉壯觀。

從橄欖山遠望聖殿山上兩座清真寺

從橄欖山遠眺阿克薩清真寺

公元八世紀，阿拉伯人占領耶路撒冷後，由當時的哈里發（阿拉伯帝國的最高統治者）馬立克在傳說猶太第二聖殿遺址的地點建起阿克薩清真寺。不過該寺也是多災多難，不僅受過數次地震破壞及重建，亦被東征的十字軍占用改作宮殿、教堂和馬廄等用途。過去近千年來，經過多次的修葺，亦經歷過使用混凝土、鍍鋁材料作為圓頂的結構，直至一九八三年再次重修，才將圓頂貼上銀色鉛皮琺瑯。

我並非穆斯林，因此不得其門而入，只好繼續往前，經過淨洗池廣場，踏上兩旁種植柏樹的石階，仰望前方，藍天白雲下的清真寺，穹頂閃耀奪目的金光，壯麗無比。

金頂清真寺的名稱來自於寺頂是一個圓形的金頂，或名圓頂清真寺，亦叫做磐石清真寺（Dome of the Rock），阿拉伯人稱它為薩赫萊寺，「薩赫萊」在阿拉伯語即岩石的意思。比起前面的銀頂清真寺，典雅壯麗有過之而無不及，是耶路撒冷最有代表性的地標之一，猶如聖殿山上的一顆明珠。

金頂清真寺的建築時間略早於阿克薩清真寺，也是由哈里發馬立克所建造。它的命運同附近的阿克薩清真寺一樣，都經歷過地震天災和十字軍的洗劫占領。最近的一次大規模維修是在六〇年代。建築分為上下兩部分，下部呈現八角形，每面外牆寬約二十米，高九米半，共有四個門各自朝向東南西北。上半部則是一座高度與直徑約二十米的大圓頂，頂尖並非常見的新月，而是一個金色的滿月標誌，據導遊的說法，滿月的孔洞方向正朝著聖城麥加。

廣場擺放許多殘缺的柱基和柱頭，後方是阿克薩清真寺

清真寺的外牆以藍色為主色調，由無數色彩豔麗的彩瓷拼貼而成，其中還有些是《可蘭經》經文的圖案，整體顯得堂皇典雅。最為醒目的金色圓頂其實原本並非金色，一九九三年，當時的約旦國王侯賽因（Hussein bin Talal，臺灣譯為胡笙）出資數百萬美元購買八十公斤黃金，在圓穹頂貼上金箔，將它裝扮得更加神聖尊貴。

由於無法進入清真寺內，只能聆聽導遊的介紹。他表示清真寺內部有雙重迴廊，裝飾得美輪美奐，牆壁刻著《可蘭經》經文，立柱上全是伊斯蘭風格的圖案。雙重迴廊的中央是鎮寺之寶，一塊形狀不規則的淡藍色巨石，長十七點七米，寬十三米半，受到教徒們的膜拜。巨石上有一個大凹坑，關於此有兩種傳說，有的說是亞伯拉罕向上帝奉獻兒子以撒時的石塊，另一說則源自於《可蘭經》中所述的「夜行登霄」神跡故事：相傳先知穆罕默德曾在某個夜晚騎天馬從麥加飛越天空來到耶路撒冷的遠寺，並踩上一塊登霄石，直上七重天見到真主。金頂清真寺內的巨石就是傳說中的登霄石，坑印則為當時留下的馬蹄印，至於遠寺的位置即為今日的阿克薩清真寺，耶路撒冷的聖殿山也因此成為伊斯蘭教的三大聖地之一，兩座清真寺都是全球穆斯林畢生夢寐以求要來朝覲的地方。

清真寺外的四面各有一排石柱拱門，我原先還以為是古羅馬人的傑作，不過聽完講解，才知道它們在伊斯蘭教中被稱為「靈魂天秤（Scales of Souls）」。穆斯林相信石柱拱頂上面的橫樑會在審判日來臨的時候垂下天秤，用來衡量死者靈魂的輕重。

耶路撒冷三個不同宗教的聖地，我總算逐一「拜謁」過，可說是不虛此行了。

1 金頂清真寺，四面各有一排石柱拱門，稱為靈魂天秤

2 金頂清真寺外淨洗池

聖跡之旅

耶穌受世人的敬仰，不僅是祂作為宗教的代表，更讓信徒與後人稱頌的是祂的信仰，正所謂「高山仰止，景行行止」，兩千多年後，基督徒也好，非基督徒也好，多期待來到祂的誕生地和傳播福音的地方，去看一看，走一走，朝聖一番。

拿撒勒（Nazareth）是以色列北部一座人口不多的小城，這裡是耶穌的故鄉，奇怪的是居民卻以阿拉伯人為主，三分之二是伊斯蘭教的追隨者，餘下的三分之一人口才是基督徒，更甚者，當地的基督徒人數還在逐漸減少。

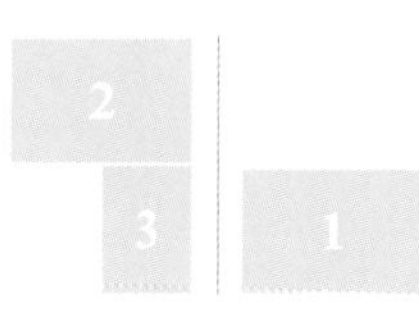

1 古拿撒勒村落遺址
2 拿撒勒天使報喜堂正面
3 描繪多幅耶穌事蹟故事的教堂正門

上層穹頂如一朵朝下盛開的百合花

即便如此，這座不起眼的小城仍然是基督徒心中的聖地。根據《福音書》中的描述，耶穌的父母約瑟和馬利亞便是住在這裡時，見到天使加百利到來。天使告訴馬利亞將因聖靈而懷孕，所生的嬰孩將是救世主。因此這個地方對所有信徒來說，具有極其特殊的感情和意義。

小城拿撒勒最受教徒矚目的是一座天使報喜堂（Basilica of the Annunciation，或稱為聖母領報堂），教堂就在傳說中聖母馬利亞居住過的原址上建造而成，據聞最初也是由君士坦丁大帝的母親海倫娜所蓋，經過多次拆毀和重建，最近的一次則是在一九五五年拆除了舊堂，改建新堂，直到一九六九年建成。

1 主祭壇正對面的彩繪玻璃窗

2 教堂上層的主祭壇

遊客排隊參觀聖母馬利亞曾經生活的石窟

該教堂分上下兩層，下層是著名的「報喜石窟」遺跡，傳說聖母馬利亞曾經生活在這裡，且是接到天使喜報的地方。石窟簡單樸素，說明了那時代居民的生活方式。我跟著教徒和旅客們一起排隊看個究竟。教堂的上層則富麗堂皇，炫目的彩繪玻璃窗由許許多多不同的小塊拼湊鑲嵌而成，色彩優雅迷人，在幽暗的空間中，造成一種神聖的氛圍。抬頭仰望，高聳的教堂圓穹頂猶如一朵朝下盛開的百合花。據說百合花象徵在神看顧之下的人們，這是表達對聖母馬利亞的讚美。

石窟內部

1 教堂外的迴廊

2 中國聖母像面相和造型就如觀音送子

教堂內以及外面迴廊的牆壁上，陳列著各國教會和教徒送上的聖母像，每一幅都融入各地的特點和文化，例如中國的聖母像面相和造型就如觀音送子般，想必華人旅客看到時一定倍感親切。若有時間的話，不妨像我一樣把迴廊牆壁的聖母像瀏覽一遍，如同參加了一場宗教文化的交流展覽。

除了報喜堂外，拿撒勒小城就沒有太多可供遊人參觀的聖跡和景點了，我們於是繼續上路，出發到另一個聖地——伯利恆（Bethlehem）。

伯利恆是耶穌的出生地，被視為「聖城中的聖城」，《聖經》中關於這部分的記載，我倒是非常有印象：當年馬利亞聖靈感孕時，正巧遇上羅馬統治者進行人口普查，約瑟帶馬利亞從拿撒勒回原籍伯利恆登記。當時旅店已住滿旅客，他們無處可去，唯有在旅店的馬廄裡住下，結果當天晚上馬利亞就在馬廄裡生下耶穌。有幾位博士根據星象，從東方前來朝拜耶穌，這段三王朝聖的故事幾乎無人不知，

總長度約七百公里的「安全隔離牆」

無人不曉。那時候以色列地區的統治者是大希律王，他是羅馬帝國的從屬王，聽聞猶太人之王誕生，基於鞏固和保護自己的權位，於是下令伯利恆及其周邊地區凡是兩歲以下的小男孩一律要殺掉。耶穌一家人便逃到埃及避難，直到希律王死後，才全家遷回拿撒勒。

然而伯利恆位於耶路撒冷南方約八公里的山丘上，屬於約旦河西岸地區，目前為巴勒斯坦自治區，是一個以巴爭奪，爭端四起的地方，宗教、民族衝突頻仍。二〇〇二年開始，以色列以防止恐怖襲擊事件再發生為由，沿著一九六七年中東戰爭前的以巴邊界，單方面築起一道八米高，計畫總長度約七百公里的「安全隔離牆」。

當我們穿越以色列邊境，即將進入巴勒斯坦範圍內的伯利恆時，我見到這堵厚實的牆壁，向遠方綿延，看不到盡頭。我站在圍牆下，午後的陽光投射到灰色的石屎牆（清水混凝土牆）上，帶來一種令人緊張的冷意。我們順著標誌路牌前進，導遊早就警告不准拍照，以防稍一不慎，招致雙邊士兵的開槍。我收起相機，步步為營，跟緊導遊的步伐。

踏入巴勒斯坦自治區內的伯利恆，未有見到電視上常常報導的衝突、屠殺、難民和髒亂，展現在我眼前的是一片平靜祥和，人們的生活如常。我們所接收到的資訊和現實的情況反差之大，令我納悶報導究竟是否張大其事。不過隔離牆上倒是滿布塗鴉，內容多半為反美、反以，並且因應時事，例如醜化前美國總統特朗普形象的塗鴉亦出現在牆上，這算是當地文化藝術的特色了。

1 已故巴勒斯坦領導人阿拉法特（左）與現任巴勒斯坦總統阿巴斯（右）

2 馬槽廣場，前方為奧瑪爾清真寺，右為伯利恆和平中心

主誕堂外型相當宏偉，正門入口卻是既隱蔽又窄小，人們進出都得彎下腰來

伯利恆是一座山城，我們未有他想，直接就到耶穌的出生地——位於馬槽廣場內的主誕堂（Church of the Nativity，或稱聖誕教堂）一探究竟。主誕堂是目前世界上仍然使用中的最古老教堂之一，位置就建在耶穌誕生的馬槽原址上。最早亦是由海倫娜所建，其後遭到摧毀，現存的教堂重建於公元五百多年，目前由羅馬天主教、希臘東正教及亞美尼亞使徒教會共同管理，每天都可見到來自世界各地的虔誠教徒趕來朝聖。

我見主誕堂外型相當宏偉，正門入口卻是既隱蔽又窄小，人們進出都得彎下腰來，正覺得奇怪，Brenda當即解釋，她引述《聖經》上耶穌的教訓：「你們要進窄門，因為引到滅亡，那門是寬的，路是大的，進去的人也多……」（馬太福音7:13）。她更進一步說，十七世紀正逢鄂圖曼帝國入侵，為防止伊斯蘭教的騎兵進入破壞教堂，所以刻意用石塊堵住原來的大門，只在一角留下這窄小的門。

1 人們蜂擁進入耶穌誕生的洞穴

2 中殿擠滿排隊參觀耶穌出生地的人群

希臘東正教的祭壇充滿繁複而讓人眼花撩亂的裝飾

進入教堂裡面，寬敞的中殿擠滿排隊參觀耶穌出生地的人群，尤其祭壇前方更擠得水洩不通。我環顧四周，希臘東正教的祭壇充滿繁複而讓人眼花撩亂的裝飾，牆上的金色馬賽克壁畫精緻而華麗，地面有部分的木板掀起，可見到一九三四年時所發現的四世紀君士坦丁時期馬賽克地板。斑駁的木門、關於耶穌和聖母的泛黃畫像，以及靜靜矗立的大理石柱，全都在無聲地述說著教堂的千年歷史和滄桑。

1 牆上的馬賽克壁畫精緻而華麗

2 四世紀君士坦丁時期的馬賽克地板

我們從祭壇右側順著階梯往地下室走去，來到最核心部分。地上有一個銀色的十四芒星，以拉丁文鐫刻著一段銘文：「聖母馬利亞在此生下基督耶穌」，代表耶穌誕生的位置。對面一個長十三米、寬三米的岩洞，就是馬槽所在地。我們心懷一股敬意，在地下室裡繞了一周，稍事停留才告別這個聖人誕生地。據說近年來主誕堂內外持續發掘遺跡和聖物，也期待在基督教史料的研究上會有更多的發現。

1
2

1 有關耶穌和聖母的畫像泛黃，看來年代久遠

2 十四芒星代表耶穌誕生的位置

人們鑽到祭壇下方觸摸十四芒星

從洞穴走上去後，來到了與主誕堂相連的聖凱撒琳教堂（St Catherine's Church），屬於哥特復興式建築，這個教堂是信徒們每年聖誕夜舉辦午夜彌撒的地點，並轉播至全世界。從教堂右側的階梯往下走，會來到幾個地下洞穴，據信在四世紀末，耶柔米（St Jerome）就是在其中一個洞窟中將新舊約《聖經》從希伯來文與希臘文翻譯為拉丁文，而這個譯本直到今日仍是天主教最為權威的《聖經》版本。

走在伯利恆的街道上，從表面看來，這個城市的建設稍嫌落後，無法與耶路撒冷和其他以色列城市相提並論，相信與長期的衝突紛爭不無關係。一道隔離牆將巴勒斯坦自治區變成了孤島，牆內牆外分割成兩個世界，自治區內的伯利恆若想要走向世界、蓬勃發展，恐怕還有很漫長的路要走。

離開耶穌的出生地後，我們折返以色列境內，來到的是耶穌留下不少聖跡的加利利海（Sea of Galilee，又叫加利利湖）一帶。加利利海低於海平面約兩百多米，是地球上海拔最低的淡水湖，也是第二低的湖泊，僅次於鹹水湖死海。

湖中魚類品種繁多，根據《聖經》記載，耶穌復活後返回到湖區，幫助門徒捕獲一百五十三條魚。此外，門徒彼得為繳稅苦惱時，耶穌要他去湖裡捕魚，得到的魚嘴裡含著錢幣，解決了繳稅的問題，這種魚因而叫做「彼得魚」。雖然我向來對於海鮮不大有興趣，但難得來到湖邊，也不妨嚐嚐據說很有特色的酥炸彼得魚，味道還挺不錯的。

1 加利利海上的漁船與漁夫

2 加利利海的酥炸彼得魚

手中的 pita 餅和桌上多采多姿的配菜

五餅二魚堂

大伙先在湖邊餐館享用午餐，同時欣賞湖景。眼見湖面是如此平靜如鏡，風光明媚，我不由得提議泛舟暢遊，徜徉於微波蕩漾、璀璨似金的湖上。怎知遊艇才剛駛出不久，突然一陣風把我頭上的帽子吹下湖中，費了好一番工夫才撿回，身為教徒的 Brenda 以半開玩笑的口吻表示應該是我沿路上的無神論引來上帝的指正。

加利利海不僅因景色而聞名，更被教徒們奉為一方聖水，因為這一帶是耶穌傳播福音之地。Brenda 有聲有色的描述，讓我增添了不少關於《聖經》的知識，例如耶穌曾在湖面上顯現過如同「水上飄」功夫一般的水上行走、斥責風暴使它平靜下來、又展現「五餅二魚」的神跡，讓五千人得以飽腹還有剩餘，種種拯救眾生的行為，獲得不少信徒的加入，使得加利利海被認為是耶穌的第二故鄉。

泛舟遊湖時，我逐一經過那些傳說中神跡顯靈的地方。待得返回岸上，更按聖跡的先後次序再遊訪一遍。尤其五餅二魚的故事，最是吸引人，我們來到傳說中神跡發生的地方，如今的「五餅二魚堂」。在教堂中央祭壇前，有一塊地板以馬賽克繪砌著這個故事，聽說教堂也是歷經滄桑，面臨種種變遷，這塊馬賽克地板卻始終保存完整，自然又成為教徒眼中的另一個神跡。

離五餅二魚堂不遠，還有座「彼得獻心堂」，又叫做「彼得受職堂」，便是耶穌復活後，三次詢問彼得是否愛祂，彼得也三

次回答「是的」，由此重建彼得信心的地方。特別之處在於一塊大石的其中一半存留在教堂內，另一半則顯露在外面，傳說這塊大石是耶穌用炭火為門徒準備早餐的地方。

1 祭壇前方地板是五餅二魚的馬賽克圖案

2 彼得獻心堂

傳說耶穌為門徒準備早餐的石塊

八福堂

經過了帽子吹落湖中的事件後，對於這些神跡故事，我也開始謹言慎行，不敢妄加評論了。但其實中國漫漫五千多年歷史中，各地方流傳著類似的神話故事無數，如道教的神跡與神仙傳說，或是許多關於觀音菩薩顯靈的故事，無非都是在口耳相傳之下被加以神化的結果。

隨後我們還前往八福山上的八福堂（Church of the Beatitudes），那是耶穌講登山寶訓的地方。拜占庭式建築風格的教堂內部，頂端的金色穹頂被八面玻璃窗圍繞著，窗上以拉丁文書寫了耶穌所說的八種有福的人。另外還有希臘東正教的七門徒教堂（Greek Orthodox Church of the Seven Apostles），粉紅色圓頂搭配潔白外牆，相當搶眼，先前乘船遊湖時，我就特別注意到這座建築。

1 耶穌講登山寶訓

2 頂端的金色穹頂被八面玻璃窗圍繞著，窗上以拉丁文書寫了耶穌所說的八種有福的人

1 八福堂祭壇
2 希臘東正教七門徒教堂

迦百農（Capernaum）是耶穌當年傳道的地方，許多神跡故事也都發生在這裡，門徒彼得與家人的故居上方如今建起一座現代風格的八角教堂。遺址門口有一尊彼得的雕像，彼得腳下是魚，代表他曾是加利利海的漁夫，右手則拿了兩副鑰匙。迦百農還有座白色石灰岩的猶太會堂遺跡，以及周邊黑色玄武岩的村莊遺址。

最後一站是位於約旦河的洗禮區，既然經過，我們也不願錯過。這段河道很窄，嚴格來說不過是一條僅有十多米寬的小河溝，是約旦河與加利利海的交匯處。根據《聖經》的記載，耶穌曾在約旦河由先知約翰為其施洗。因而這片洗禮區對教徒而言，是信仰的見證，也是洗滌原罪的一潭聖水。

1 現代風格的八角教堂
2 迦百農遺址在教堂下方
3 彼得雕像腳下是魚，代表他曾是漁夫

THOU ART PETER AND UPON THIS ROCK I WILL BUILD MY CHURCH

WELCOME TO YARDENIT
THE BAPTISMAL SITE ON THE JORDAN RIVER

1 受洗前，信徒們聆聽說明

2 約旦河洗禮區入口

3 信徒穿著潔白素袍，一邊誦唸《聖經》，一邊神情肅穆地順著欄杆緩慢步入河中

4 信徒毫不猶豫地一頭浸泡在水中

SRI LANKA
CHINESE
那时，耶稣从加利
利的拿撒勒来，在约但
河里受了约翰的洗。他
从水里一上来，就看见
天裂开了，圣灵彷彿鸽
子，降在他身上。又有
声音从天上来说，你是
我的爱子，我喜悦你。
（马可福音1章9-11节）
香港圣地资源中心李志光牧师敬献
DONATED BY REV. BOAZ LI OF HOLYLAND
RESOURCES CENTRE, HONG KONG
MACEDONIAN
А во оние дни
дојде Исус од Назарет
Галилејски и се крсти
од Јована во Јордан.
И кога излегуваше од
водата, веднаш виде
како се отвораат
небесата, и Духот, во вид
на гулаб, како слегува
над Него.
И се чу глас од небесата:
“Ти си Мојот возљубен
Син, Кој е по Мојата
волја.”
Марко глава 1: 9-11

前往洗禮區的途中，我見到牆上是一塊塊的瓷磚拼貼，上頭以各種語言摘錄《聖經》中描述耶穌洗禮的章節，這些都是由各地信徒捐贈的。我站在岸邊短短半小時，來自世界各地的信徒源源不絕，他們穿著潔白素袍，一邊誦唸《聖經》，一邊神情肅穆地順著欄杆緩慢步入河中。也不知道河水是否冰涼，但他們毫不猶豫地一頭浸泡在水中。我雖非教徒，但目睹他們如此虔誠的行為，不免心生感動，難怪 Brenda 說信仰會改變人的性格，讓我不得不相信宗教的力量。站在岸邊，受到這些信徒的精神感染，我竟覺得自己也跟著獲得了心靈的潔淨，這趟「聖跡淨心之旅」真是收穫良多。

1 浸泡完的信徒雙手舉高歡呼

2 牆上由信徒捐贈的瓷磚拼貼以各種語言摘錄《聖經》中描述耶穌洗禮的章節

十字軍古城

以色列西北部地中海沿岸，距離黎巴嫩邊境不過十多公里之遙，有一座阿卡古城（Old City of Acre），據官方的資料，早在五千多年前腓尼基時期（Phoenicia）已存在部落，有人類居住，是世界上最古老的城市之一。阿卡過去是歐亞海上貿易和交通的樞紐，也曾經是基督教和伊斯蘭教的交匯處，處在這樣的戰略位置，自然而然成為兵家必爭之地。縱觀古城的發展過程，充滿腥風血雨，先後被希臘、猶太、羅馬、阿拉伯、十字軍、馬穆魯克（Mamluk，以突厥等外族傭兵為軍事主力的伊斯蘭教政權，在十三世紀中至十六世紀初統治埃及、敘利亞地區）、鄂圖曼等王朝或帝國統治過，近代還曾遭受法國拿破崙的進犯，後來淪為英國殖民地，受其占領和統治，直到一九四八年成為以色列國土的一部分，紛擾不休的歷史才告一段落。

中世紀為期二百多年的十字軍東征（Crusade），這座城市首當其衝，十字軍一度占據此處，在城內留下完整的防禦設施，包括圍牆、城堡等遺跡，不免讓我在遊歷古城的同時，勾起懷古幽思，並乘機重溫東征歷史，一點也不覺得枯燥乏味。

我中學時讀到十字軍東征史，當時認為不過是一場單純的宗教「聖戰」，緣於基督教徒位於耶路撒冷的聖地落入異教徒穆斯林之手。為了奪回擁有崇高意義的耶路撒冷，重新樹立羅馬天主教廷的權威，一場席捲歐亞的「聖戰」於焉展開。由於參戰騎士、士兵、平民的服飾和旗幟都佩

阿卡古城一隅

有十字標誌，表示他們響應羅馬教皇的號召，拿起武器，從異教徒手中奪回聖地，所以得到「十字軍」的稱號。不過戰爭一發不可收拾，從原本單純的宗教戰爭逐漸演變成教會之間、皇室貴族之間權力和利益的爭奪，自公元一〇九六年之後的二百多年，戰禍連綿，不僅給人民帶來巨大的災難，也阻礙了社會的發展。十字軍多次征討，直到一二九一年，強悍的馬穆魯克軍隊攻下十字軍最後一個據點阿卡，這場以宗教為名的東征才宣告結束。

古城鐘樓

一一〇四年，十字軍從阿拉伯人手中奪取阿卡後，為了進一步防禦，在城內構建了堅固的城牆和堡壘，修建不少教堂和修道院，小城一時無兩，是歐洲到耶路撒冷的一處中途站，發展成非常繁榮的貿易商旅集中地，更一度成為十字軍耶路撒冷王國的首都。尤其在埃及的民族英雄薩拉丁（Saladin）率領馬穆魯克騎兵以横掃千軍之勢，攻陷耶路撒冷後，阿卡更是十字軍在東方的主要據點，直到一二九一年古城淪陷於馬穆魯克王朝之手。

十字軍占據阿卡的期間，曾巧妙地在城堡與城外碼頭之間修築一條地下通道，以便讓騎士在情勢危

綠頂的清真寺

急之時可迅速退守，從海路撤離。這條聖殿隧道（Templar Tunnel，或稱十字軍騎士隧道）非常隱蔽，深藏在地下，未被發現和破壞，得以完好地保留下來。

我從加利利海出發，沿著一馬平川的地中海平原公路，不消半小時就進入了古城範圍。今日我們所見到的古城基本上是十八、十九世紀由鄂圖曼帝國所建設，漫步城中，就如在一座伊斯蘭城市遊歷一樣。這兒擁有以色列第三大的清真寺——杰扎爾清真寺（Al-Jazzar Mosque），於一七八一年建成，綠色的圓穹頂以及高聳筆直的宣禮塔相當顯眼。

巷弄石板道的商鋪

雖然古城已在二〇〇一年被列入世界文化遺產，引來世界各地的旅遊人士，然而商業化並未嚴重入侵，整座古城樸實無華，街頭巷尾的石牆民居未見特別修飾，樸拙的氣息原汁原味地保存下來，實在是值得慶幸。

這天天雨路滑，我小心翼翼踏上狹窄的石板街道，一路行經集市、商店和餐廳，阿拉伯人喜愛的香草和香料攤檔當然不會缺席，在狹長的集市街道上占有相當大的位置。由於阿卡臨近海岸，因此海鮮檔上售賣的都是活蹦亂跳的鮮魚呢！

在岸邊餐廳用過簡單的魚鮮餐後，我來到十字軍的騎士大廳（Knights Halls），由於採用石材建築，即使遭受戰亂也未完全損毀，當鄂圖曼土耳其人統治時，索性在大廳上面，以原本的城堡為基礎，建起一座杰扎爾城堡。

直至今日，以巨大石柱支撐拱頂的大廳並未被湮沒於時間的洪流，依然保存完好，布局架構都相當精巧。我站在當中，懷想當年十字軍的騎士們是如何在大廳議事、聚會和生活。

城堡內有條僅容一人通過的隧道，與兵器庫相連，這兒還陳列了羅馬石器，並放置很多發掘出來的巨型石柱和雕像，近年更添上現代藝術品和多媒體投影展示，讓旅客們有穿越古今的感覺。

阿卡港邊的船隻

古城另有土耳其浴室、廊柱客棧等遺跡與博物館，受限於時間，我直接來到古城一隅的小巷中，一間門外沒有明顯標記的普通民居前，這兒就藏匿著那條秘密的聖殿隧道入口。聖殿隧道的發現過程相當具有戲劇性，一九九四年，當地居民投訴下水道阻塞、海水灌入，在修築工程中，這條密道才意外重見天日，讓人了解當年十字軍騎士們是如何在城內與碼頭間穿梭往來。密道長約三百五十米，底部流淌著地下水，上方則鋪上木板棧道供旅客行走。進出口兩端都設有介紹十字軍歷史的故事圖畫和一些挖掘出來的文物器皿。

接近港邊的隧道出入口非常不起眼

隧道部分非常低矮，不小心會撞到頭

1 隧道設有介紹十字軍歷史的故事圖畫

2 巨浪沖擊海邊的城牆遺跡

舊城牆自西、南和東三個方位包圍阿卡古城。我登上城牆，遠眺一望無際的地中海，導遊告訴我，若天朗氣清時，可以隱約望見對岸歐洲的塞浦路斯（Cyprus，臺灣譯為賽普勒斯）。我面對著茫茫大海，巨浪滔天，沖擊著古老的海堤和泡浸在海中的堡壘殘跡，遙想當年遠征的十字軍，震天的金戈鐵馬廝殺聲彷彿就在耳邊，再回頭細看人生，不禁油然而生「一雨縱橫亙二洲，浪淘天地入東流。卻餘人物淘難盡，又挾風雷作遠遊」的思緒。

海法的「空中花園」

海法（Haifa）是以色列的第三大城市，僅次於耶路撒冷和特拉維夫。它地處以色列的北部，是一座面海倚山的港口城市，海是地中海，山則是有「上帝葡萄園」之稱的聖山——迦密山（Mount Carmel，或譯為卡梅爾山）。

海法的工商業興盛，加上繁忙的港口碼頭，造就許多工作機會，從當地人流傳的一句諺語可見一斑：「在耶路撒冷祈禱，在特拉維夫玩樂，在海法工作。」（Jerusalem prays, Tel Aviv plays, and Haifa works.）我連續兩年內兩度遊訪海法，在我的眼中，海法不僅是座宜居城市，也是一座魅力無窮的迷人城市。

真正讓海法揚名的，還得要提到一座城內的「空中花園」——巴哈伊花園（Baha’i Gardens）。儘管古巴比倫的空中花園已成為空中樓閣，永遠留在了傳說中，我們無法窺見真顏，幸而還有這樣一座巴哈伊花園，讓我們稍稍欣賞到空中花園的魅力。

巴哈伊花園占地約二十萬平方米，面朝海法港口，順著迦密山的山勢而建，自山腳一直綿延到山頂近一公里長，最大的坡度甚至超過六十度，由下往上望去，仿佛凌空而建，十分壯觀，也由此贏得「空中花園」的美譽。

1 從上層的觀景台俯瞰巴哈伊花園、海法港和蔚藍的地中海

2 從下方仰視巴哈伊花園

花園的建立與宗教有關，這地方是巴哈伊信仰（Bahaiyyat，又稱為大同教、巴海教）的聖殿。巴哈伊信仰是一八六三年由巴哈歐拉在伊朗創立的，其主要的宗旨是創建一種新的世界文明，實現人類大同，提倡「上帝唯一」、「宗教同源」和「人類一體」等。最初在中東地區傳播，如今，在全世界兩百多個國家擁有超過六百萬的信徒，是目前世界上分布最廣的年輕新興宗教。

巴哈伊花園的中心是巴孛陵寢（Shrine of the Bab），巴孛（Bab）是巴比教的創立者，巴哈伊信仰的前身。巴孛在一八五〇年於伊朗的大不里士（Trabiz）遭到處決殉難後，遺體被信徒藏起來，至一九〇九年埋於迦密山，陵寢的位置是在一八九一年由巴哈歐拉決定的。陵寢與花園的建造工程斷斷續續歷經百年，據說建造成本耗資二點五億美元，陵寢完成於一九五三年，花園則最終在二〇〇一年完工。巴哈伊花園甫登場便驚豔四方，在二〇〇八年更與位於阿卡附近的巴哈歐拉陵寢一同被列入世界遺產名錄，是第一個與近代宗教有關的建築群被列入世界文化遺產的。評審委員認為它不僅展現傑出的普世精神價值，更在建築風格與設計上具獨特的文化價值。

我曾經在二〇一三年遊過印度新德里的靈曦堂，因形狀像一朵蓮花，所以有「蓮花寺」（Lotus Temple）之稱，它也是屬於巴哈伊信仰的聚會場所及信仰中心之一，蓮花寺壯觀的外貌與特殊的造型令人印象深刻，自一九八六年十二月開放以來，遊人如鯽，目前已成為世界上知名的建築物之一，不過相較起來，海法的「空中花園」更是有過之而無不及。

花園中心的陵寢融合歐洲和東方的風格

對稱式設計的花園呈現階梯狀，中央有條大理石階梯自上延展而下，各層有巨大的平台、草坪與花圃，層疊有致，彷彿梯田一般。階梯狀的花園不多不少總共有十九層，究竟「十九」這個數字代表什麼意思呢？一般公認這個數字在巴哈伊信仰裡代表著神聖，巴哈伊信仰有自己的曆法，每年十九個月，每月十九天，年末則增加四天（閏年加五天）。此外，還有一說是當初追隨巴孛的十八個門徒，加上巴孛本人一共是十九人。究竟哪種說法更為可信，由於我並非信徒，實在無從判斷。

1 從觀景台上眺望海法市區

2 觀景台上有噴泉，園內有多種雄鷹雕塑，有的展翅欲飛，也有收翅相互凝望的

巴哈伊花園分為內花園及外花園，雖然免費供遊人參觀，但自助行的旅客能自行參觀的區域相當有限，只有中間陵寢部分的花園，可以選擇每天定時由巴哈伊信徒帶領的導覽行程，在參觀之餘，同時了解巴哈伊的歷史、信仰以及花園的特色與意義。

在管理人員帶領下，我們從頂層開始參觀。從上層的觀景台俯瞰，海法港和蔚藍的地中海盡收眼底，還能感受從遠處吹來帶有濕潤氣息的地中海海風，無比愜意。港口、海水形成的朦朧藍色背景襯得近處花圃植物紅、黃、綠等等的顏色更為鮮明。穿過古典莊嚴的鍛鐵雕花大門，眼前是一覽無遺的園圃，栽植各色花卉，

白色大理石的石階和欄杆雕欄玉砌，醒目而大氣

園圃栽植各色花卉，綠樹成蔭，池塘、噴泉與雕像點綴其間

綠樹成蔭，池塘、噴泉與雕像點綴其間，白色大理石的石階和欄杆雕欄玉砌，醒目而大氣。園內有多種雄鷹的雕塑，姿勢樣式各有不同，有的展翅欲飛，也有收翅相互凝望的。

整個花園圍繞著巴孛陵寢設計，作為花園中心的陵寢是由加拿大建築師所設計，融合了歐洲和東方的風格，建材用上義大利的石材，又以葡萄牙的瓷磚作裝飾，半球形的金色穹頂在陽光照射下熠熠生輝。聖殿只開放大廳部分，內部禁止拍照，世界各地的信徒來到這裡朝聖，在聖殿中祈禱、誦經。

巴哈伊花園的設計風格融合了波斯與歐式古典風格，是一座將山與海融為一體的空中花園，清幽寧靜，沒有一般宗教陵園的肅穆與壓抑感，也不像許多景點花園那般吵雜喧囂。

值得一提的是，巴哈伊信仰中心並不出售紀念品，也不接受饋贈，經費來源完全出自信徒們的捐贈。想必捐贈的總額非常龐大，因為單是巴哈伊花園，每年的維護費用就高達四百萬美元，可是一筆不小的開銷。

當天夜裡，我重回到市內的馬路上，仰望迦密山上點起璀璨燈火的花園，與白日所見，又是另一番風情，為這座城市注入了既神聖又繁華的氛圍。

地中海的珍珠

海法的名字來自希伯來語，意即「美麗的海岸」。來到這裡，就會覺得它的確是一座名副其實的美麗海岸城市，除了有一座令人嚮往的「空中花園」外，還擁有一條迷人的海岸線和自然深水港口，再加上山城景緻，結合種種優點，讓海法被旅遊人士評為世界一流的旅遊勝地之一。

海法與幾個著名的旅遊城市相距很近，都未超過四十公里遠，這幾個旅遊城市包括保留古羅馬遺城的凱撒利亞（Caesarea）、耶穌的故鄉拿撒勒（Nazareth），以及有天然藍洞的羅斯哈尼卡拉（Rosh HaNikra），正因為如此，許多旅遊人士登陸以色列後，選擇海法作為下榻地，以海法為中心，輻射狀向外旅遊。我第二次重遊以色列，也是從約旦沿著公路越過約以邊界，先抵達海法，然後再深度遊訪。

儘管今天的海法已成為一座現代化工業和高科技城市，處處生機勃勃，然而它由原本一座無足輕重的小村莊發展到今日這般榮景，也曾經歷逾千年的變遷，包括拜占庭、波斯、阿拉伯人都曾經統治過。一千多年前，十字軍東征來到海法，許多猶太人和穆斯林遭到屠殺，繼而又受到鄂圖曼帝國和英國殖民帝國的管治。因為地位特殊，在帝國殖民的統治下，為了運輸的方便，海法成了一個重要港口和軍事基地，鄂圖曼帝國的蘇丹更下令修建鐵路，從大馬士革至麥地那，並有一條支線通往海法，連接了海法與其他中東地區。此外，後來更建立了原油碼頭，鋪設輸油管，海法逐漸蛻變成以色列的工業重鎮和第三大城市。

海岸是相當受到旅遊人士歡迎的景點。每當我來到海法，都會前往海灘觀潮，踏著細沙，看看浩瀚無邊的地中海。不過兩度來此觀海都天候不佳，白浪洶湧。海灘的另一端是海港，停泊了大型郵輪、軍艦等，非常繁忙。

市中心的卡梅爾中心（Carmel Centre）是旅客購物的熱門地，除此以外，還有不少各地美食的餐館、咖啡廳和聊天消遣的露天攤檔，無論是義大利式、阿拉伯式，或甚至是中餐館都可以找到，方便獨愛中餐的我。

巴哈伊花園正下方恰好對著一條本古里安大街，這裡是德國僑民區（German Colony）。大街兩旁的房子整齊有序，採用類似的風格建造，石頭房子的頂端是用橙紅色瓦片鋪成的傾斜屋頂，充滿歐式風情，最特別是門上還有用德文書寫的《聖經》。從花園的觀景台往下望去，美麗的房屋一字排開。導遊解釋這些房子是在十九世紀時，由來自德國西南部的「聖殿騎士」（Templer Society，與十字軍的聖殿騎士團無關）虔誠新教徒所建，當時在巴勒斯坦地區，包括雅法、耶路撒冷等地總共建有七座僑民區，海法是其中之一，並且在交通、農業、工業等方面協助當地的發展進步。然而，

巴哈伊花園前方橙紅色瓦片的整齊屋子屬於德國僑民區

二戰期間，區內的德國僑民遭到拘押和流放。戰爭的殘酷與造成的創傷，實在令人唏噓不已，也願海法這顆地中海岸的珍珠能永享和平。近年來，這些充滿歷史的古老建築已陸續被修復翻新，成為餐館、咖啡廳、商店等等，是海法休閒娛樂的中心之一。

來到海法，別忘了體驗一下被稱為「世界上斜率最高」的地鐵，它也是世界最小的地鐵系統之一，以及最短的地鐵，全程只有一點八公里，總共六站。聽導遊說，來搭乘的旅客最感興趣的是車廂內部為階梯形設計，跟瑞士的登山纜車如出一轍，這是因為地鐵行經的路線為山坡地形。然而，二〇一七年的一場大火，迫使這條迷你地鐵暫停營運，直到二〇一八年十月才恢復，所以我兩度旅遊海法時，都無緣與這條地鐵相見。

最受當地人非議的是一座建在山頂上的摩天大樓 Eshkol Tower，高三十層，由巴西建築師 Oscar Niemeyer 所設計。人們批評它太過突兀，與其他城市建築的風格並不和諧，破壞了城市的風貌。摩天大樓三十層的觀景台是免費的，可以俯瞰城市景緻，然而我早已先後在下榻的山上酒店前觀景台和巴哈伊花園平台上欣賞過整個海法的壯美全景，想必景色不會有太大區別，於是決定略過這個景點。

海法的博物館和古蹟也不少，在這座只有約六十平方公里面積的港口城市裡，居然有大大小小不下十多間博物館，到處充滿文化藝術的氛圍，真是難能可貴。其中最有名氣要算是海法大學內的赫克特博物館（Hecht Museum）了。館內藏品豐富，包含許多以色列考古文物和藝術珍品。在古文

俯瞰海法市區與港口

物中，最受到注目的是一艘公元前四百多年的木沉船（Ma'agan Michael ship），約十三點五米長，它是一九八五年在以色列海岸發現的，之後藏於赫克特博物館。至於藝術珍品部分，有不少柯羅（Corot，柯洛）、蘇丁（Sautine）、馬奈（Manet）、莫奈（Monet，莫內）、凡高（Van Gogh，梵谷）等國際大師的作品，可說

是琳琅滿目。然而受限於旅程的安排，不巧碰上了猶太人假期，因而與這些藏品緣慳一面。

此外還有介紹海法歷史文化與城市生活的海法城市博物館（Haifa City Museum）；專門展出當代藝術，包含繪畫、雕塑、攝影等的海法藝術博物館，是以色列三大藝術博物館之一；以海洋為主題，關於海洋歷史與考古學的以色列國家海洋博物館（National Maritime Museum）；最有意思的是「無圍牆博物館」（Museum without Walls），其實就是在基督徒和穆斯林混居的瓦迪尼薩斯區（WadiNisnas）街道上，露天擺放大小不一的藝術品雕塑和壁畫，總數超過六十個，有些巨型的藝術品甚至會讓人感到渺小，無論是建築物的牆壁、樓梯、庭院或街道上，整個地區被打扮成優雅的藝術中心，相當值得一遊。

若有機會重遊海法，我打算一一踏遍每間博物館，來一趟專門的博物館之旅。

海法以南、凱撒利亞古城以北的海岸，遺留一座十字軍堡壘 Château Pèlerin（又名 Atlit Fortress），是聖殿騎士團（Ordre du Temple）在一二一八年所建，據說是為保護朝聖者。受到戰亂與歲月的摧殘，如今徒留殘牆斷壁。導遊表示，從遺址可以判斷這座堡壘曾經是一座宏偉的建築，不僅有內外兩道城牆，設有塔樓和城門，更有護城河包圍。現在這一區是以色列海軍突擊隊的訓練基地，並未開放給旅客參觀。

兩次訪遊，最為遺憾的是未有機會安排搭乘空中纜車登上迦密山北面的斯持拉馬里斯（Stella Maris），尋找先知以利亞（Elijah）的故事。傳說以利亞曾經住在迦密山上的一個洞穴，如今這個景點就叫做以利亞洞穴（Cave of Elijah）。《聖經》裡提到以利亞曾經救活了一位寡婦病死的兒子，因此猶太人會前來求子和祈求病癒。同時我也未能參觀這裡的斯持拉馬里斯加爾默羅修道院（Stella Maris Carmelite Monastery，或譯為海星聖母修道院），是十二世紀十字軍時代所建，不過今日的教堂建築則建於十九世紀，教堂內有著美麗的彩色玻璃，穹頂則彩繪了先知以利亞駕駛著烈火戰車升天的神蹟故事，非常精美。

凱撒利亞古城遺址

凱撒利亞古城遺址（Caesarea）距離特拉維夫僅五十多公里，車程僅需一個小時，目前已闢為凱撒利亞國家公園（Caesarea National Park），由一個相當知名的猶太家族羅富齊所擁有和管理。

猶記得二〇一六年底首次到訪時，不巧遇上大雨，匆匆來去，未能盡興。一年半後重遊故地，風和日麗，更得到一位資深中國導遊陪同，沿途講解詳細，使我們清楚了解古城的興衰史，增加關於《聖經》故事的知識，歷史與宗教文化交融，相得益彰。

凱撒利亞古城遺址

遺址出土的馬賽克地板

旅伴Brenda是教徒，於是先從宗教故事講起。話說耶穌在橄欖山指派門徒向世人傳布福音，傳布的地區和對象不限於猶太地區和猶太人。彼得便是在凱撒利亞向一位羅馬軍官哥尼流（Cornelius）傳道，使其成為第一位信教的外邦人，不再只限於猶太人，而凱撒利亞也成為第一個福音傳布的非猶太地區。此外，耶穌的門徒保羅也是從此地動身，前往羅馬等外邦傳教。《聖經》上的種種記載，都說明了古城的地位，非比尋常。

再回到歷史地理部分。凱撒利亞地處地中海沿岸，原來是腓尼基時代的一個小村莊。它的繁榮興盛要多虧了大希律王，大希律王的父親曾救過羅馬的凱撒大帝，因而受命成為猶太國的統治者，管理以色列全境。在父親遭到毒殺、兄長也遇害後，希律尋求羅馬的幫助，重新奪回以色列。

他非常推崇羅馬文化，為滿足個人欲望，不惜勞民傷財，興建宮殿和城市。凱撒利亞就是他一手設計興建，公元前二十多年，大希律王在小村莊的遺址上大興土木，花了十多年時間興建起一座港口城市，不管在規模、豪華程度和規劃布局各方面，都足可與那個年代的亞歷山大港（Alexandria）和迦太基港（Karthago）相提並論，甚至超越它們，是一座宏偉的港口城市。城市獻給羅馬皇帝奧古斯都・凱撒（Augustus Caesar，一般稱為屋大維），以其為名，所以「凱撒利亞」的意思就是「羅馬皇帝之城」。

大希律王在建築上的成就還包括岩石山上的馬薩達宮殿（Masada），以及位於伯利恆附近的希律堡（Herodium），他還擴建耶路撒冷第二聖殿等建築，為後世留下了建築史上的輝煌。然而，與如此榮耀相反的卻是他的殘暴成性。除了早前提到過，他因耶穌的誕生而下令殺害伯利恆一帶兩歲以下的嬰孩，他還殺害了自己的妻子以及多位猶太智者。種種行為使得他在歷史上是個擁有兩極評價的統治者。

我們進入凱撒利亞國家公園後，首先來到遊客中心的展示廳，裡面放映電影短片，介紹古城的歷史概況，讓旅客對古城有個初步的了解。

這座古城於羅馬王朝末期，經歷地震海嘯的天災肆虐，使得城內高聳的燈塔和圍牆坍塌，沉落海底。及後，公元六三八年開始，古城陸續遭到阿拉伯人、十字軍的戰禍波及，古城再受重創。十字軍時期，法國國王路易九世在此處修築工事和城堡，一度使古城復甦。然而一二六五年馬穆

公園遺址一隅置放一批大理石製的巨型殘缺塑像

魯克人再次征服此地，也徹底毀了古城。接下來鄂圖曼帝國的占領，在遺址上建起房屋。古城幾遭起伏，最後淪為廢墟，大部分的建築都掩埋在黃土沙堆下。

直到以色列建國後，這片遺址才被發現，經過多年的考古研究，挖掘出來的文物愈來愈多，遺址的面積亦不斷擴大。儘管已經開掘出來的文物不過是一鱗半爪，卻不難從中估算出古城當年的風采氣勢會是如何恢宏龐大。

公園遺址一隅，置放一批大理石製的巨型殘缺塑像，然而以色列本土並未出產這種石材，專家認為它們進口自義大利。可想而知，單是運送石材的工程，就已經相當浩大了。

通過石拱門，立即讓我們眼前一亮。直徑一百七十米的半圓形羅馬劇場（Roman Theatre）擁有足可容納四千名觀眾的座位，大部分的座位都是根據考古重新鋪砌復原的，只有下層是原來的遺跡。劇場後面，原本尚有兩座高塔樓，估計是專為貴族而設的廂座。

劇場的舞台背向大海，設計時早就考慮到風向問題，當風從海上吹來，借助風力更方便把歌聲傳送開來。此時恰好有些外國旅客走到台前高歌一曲，歌聲立刻傳遍劇場每個角落，大家都聽得一清二楚，環迴立體音響的確不同凡響。導遊表示，現在每逢夏日夜晚，劇場會成為大型露天音樂會的舉辦場地，人們得以享受到兩千多年前古人的設施帶來的音樂饗宴。

1 羅馬劇場
2 石拱門通往羅馬劇場

延伸入海的海角宮僅存一座乾涸的水池以及地上鋪砌的馬賽克圖案地板

劇場前面有片遺址相當開闊，延伸入海，本是希律王的宮殿——海角宮（Promontory Palace），如今未留下殘垣敗瓦，僅存一座乾涸的水池，以及地上鋪砌的馬賽克圖案地板，非常精美，周圍亦擺放不少仿古的羅馬大石柱和柱頭，足以想見當年宮殿是如何宏偉豪華。

園區中央有一座長方型的希律王競技場，全長三百多米，當年是用作賽馬場地和奴隸的競技場。附近另有公共浴場遺址，過去貴族們在此享受羅馬式的泡浴。

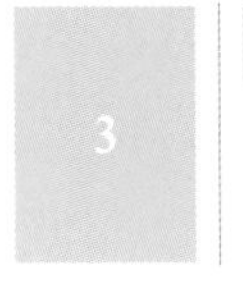

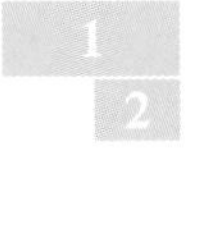

1 海角宮的仿古羅馬柱和中庭花園

2 用作賽馬場地和奴隸的競技場全長三百多米，右側還有看台

3 公共浴場可提供貴族們在此享受羅馬式的泡浴

1 石棺是古希臘羅馬時期的山形棺蓋，飾紋也
證明凱撒利亞繼承了希臘羅馬文化脈絡

2 海妖浮雕的三角形棺蓋

過往的海邊堡壘已化為酒店餐館

一片拜占庭時代的街道遺址就位在競技場後方，廣場上遺留兩尊石像，傳說其中一尊是奧古斯都・凱撒，另一尊是希律王。此外，還有巨型的石棺和刻有海妖浮雕的三角形棺蓋。街道的兩側原為市集，聽說在興盛時期，居民足足有五萬多人，十分繁華熱鬧。

我們沿著木棧道散步，先經過神廟，接著來到海邊。希律王竟然在此建起一座海軍基地，足可停泊好幾艘大型戰艦，令大家驚嘆不已。海床中甚至安放不少巨型石塊，構築成一道六十多米寬的半月形防波堤，使港口安全更為提升，可惜如今多已崩塌，被海水所淹沒。海堤的前沿過去是座具有防禦作用的堡壘，今天化身成為酒店餐館。若有閒暇餘裕坐在此處享用餐點，伴著面前無際無涯、海天一色的美景，想必更覺愜意。

園區出口的末端，可發現一座城堡、城牆及護城河的遺跡，建築風格顯然與其餘地方的古羅馬風格並不一致，這是法國國王路易九世在十字軍時期所築成。後來十字軍不敵馬穆魯克軍隊，撤出了這座城市，城堡也遭到馬穆魯克軍隊的摧毀。

走出園區之後，先別急著離開，不遠處的海灘上，矗立著一排長條型的物體，遠遠望去，相當醒目。原來那是一條古羅馬的引水道橋（Aqueduct），作用是自十公里外把山泉水引進凱撒利亞城內，供居民飲用。這條高約十多米的引水道拱橋兩千餘年來靜靜地橫架在海邊，淡看潮起潮落、歲月更迭，無聲訴說著昔日古城的輝煌文明。

1 古羅馬的引水道橋
2 十字軍堡壘建築內的拱頂

老玩童的奇幻漂流

說到死海，我印象最深的是一張照片，照片裡有個人躺在水面上，悠閒地看著報紙，陽光明亮，海水晶瑩。這個場景曾讓我無限嚮往，直到我終於親身感受。很難形容實際體驗的感覺，沒有想像中那麼愜意，卻也足夠奇妙，令人意猶未盡。

死海的位置在以色列和約旦之間的約旦河大裂谷地區，被陸地所環繞，是湖非海。它南北長約七十公里，東西寬五到十六公里不等，最大深度約三百八十米，湖面海拔低於海平面四百二十多米，是全世界最低的湖泊，湖岸則是地球上已露出陸地的最低點，不愧被稱為「地球的肚臍」。死海並沒有潮起潮落，在無風的狀態下，水面平靜，波瀾不驚，陽光照耀下，有如一面閃閃發光的鏡子。

死海的水來自於約旦河，並沒有出水口。由於天氣炎熱，水分不斷蒸發，使得湖裡的鹽度越來越高，含鹽濃度較一般海洋還高八到十倍，希伯來語稱它為「鹽海（Yam Ha Melah）」，由於大部分生物難以生存，只有海藻和幾種微生物，也難怪被稱作死海了。從前人們甚至認為連鳥兒都無法飛越這片死海區域呢！然而對於其他生物似乎相當殘酷的死海，對於人類來說，卻多了一份特殊的意義，由於它的浮力足以讓人的身體漂浮在湖面上，不會沉下去，彷若「不死之海」。我先後到訪過兩次，一次在約旦境內，這回則來到以色列這邊，兩次都親身體驗到它的神奇。

死海是全世界最低的湖泊

我們一早乘車沿著沙漠公路駛向死海，由於路面鋪著柏油，並未黃沙漫天，周遭景物也不至於滿目荒涼，除了有風化的山石外，不時還會掠過沙漠綠帶和游牧民族的領地。途中經過一塊石碑，標記了「海平面」（Sea Level 0），這代表我再往前行，就已經是在海平面以下了。

到達目的地後，我換過衣服，便準備「下海」。因為有過先前在約旦的漂浮經驗，清楚知道不會沉下去，便以為怎麼折騰都沒問題，始料未及的是這邊的死海裡頭有許多石頭覆蓋結晶鹽，既尖銳又滑膩，穿鞋容易滑倒，不穿又容易劃破腳掌。在死海裡，無論多小的傷口都是名副其實的「往傷口上撒鹽」，令人苦不堪言。前一次的經驗讓我誤判，沒有做好萬全的準備，著實吃了不少苦頭。

作者嘗試在死海中漂浮

我慢慢往海裡走去，跟上回一樣感受到的巨大浮力已開始讓我站不穩。要把整個身體浮起來絕非易事，經過一番不小的折騰，我這才意識到保持平衡也是需要技巧的。其間幾次不小心弄出的水花濺到嘴裡，味道實在一言難盡，鹹到一定程度便成為一種詞語無法形容的苦澀，學乖的我之後全程無論什麼情況都緊閉著嘴巴。也幸虧我記得戴上墨鏡，眼睛得以免遭酷刑。最終我學會先用手臂努力支撐著身體，慢慢適應死海的環境，然後逐漸放開手臂，直到全身穩當地仰浮在湖面上。我靜下心來，感受身體隨著水波有韻律地悠悠擺盪，好似身處搖籃之中，天地和身體一塊在搖動，那種感覺真是奇妙而獨特！

儘管這個經驗十分有趣，我卻不敢在死海裡漂浮太長時間，因為水裡鹽度太高，長時間泡浸可是會脫水的，另外還有個原因，就是天氣實在是過於炎熱了！

值得一提的是，這兒最有價值的是海底和岸邊的海泥，含豐富礦物質，對皮膚極有好處。我見到許多遊客先在岸邊將海泥塗滿全身，曬乾之後再去死海裡浸泡洗去，據說既有美容效果，又可以治療關節炎等慢性疾病，一舉數得，簡直是一項頂級的休閒健康活動。我雖然沒有像他們一樣將海泥塗滿全身，不過也樂於加入其中，在海泥裡狠狠地踩來踩去，玩得不亦樂乎，也算是享受了足療的待遇。我身邊這些遊客來自不同的國家，大家說著不同的語言，卻不分你我，在這泥潭中綻開同樣的笑靨，分享著同樣的歡欣與驚嘆。

許多人將死海海泥塗在身上，據說對皮膚極有好處

由於死海的獨特性，死海中的鹽和泥土都可以被用來提煉製成頂級的護膚品，深受人們喜愛。環繞死海區的水療度假村也應運而生，吸引來自全世界的遊客，是以色列旅遊發展的一大熱點。

可惜的是，隨著歲月流逝，死海有日益乾涸的跡象，原因是它的湖水蒸發量大於約旦河輸入的水量，造成水面日趨下降，湖水越來越少，鹽度卻越來越高。以色列和約旦兩國政府也積極地採取各種措施，試圖保護它免於乾涸，但由於實施的難度太大，很多計畫最終都胎死腹中。按科學家的估計，數百年後，死海就真的成為「死」海了！

以色列的烏托邦

距離死海不遠處，有一間恩哥迪基布茲（集體社區）酒店（Ein Gedi Kibbutz Hotel）是由「基布茲」（Kibbutz）改成的假日酒店。我體驗死海浸泡後，乘車路過此處，在車上聽著司機的介紹。

在希伯來語中，「基布茲」即「聚集、團結」的意思，講得簡單一點，它就是以色列的集體社區，在社區內生活的「社員」基本上沒有私人財產，工作則是義務性質，不領薪資。不過他們在社區內的生活，包括衣、食、住、行、教育、醫療等，全都免費。基本精神猶如共產主義的理想，跟中國五〇年代的「人民公社」所倡導的生活模式如出一轍。關於中國的「人民公社」，我當然不陌生，卻是首次聽到「基布茲」這個名詞。經過司機的說明，加上事後查閱相關資料，我才明白「基布茲」其實是一種結合了共產主義和錫安主義（Zionism）所建立的烏托邦社區。

最早的基布茲成立在一九〇九年，到一九四七年以色列建國前夕，這種「公社」式的基布茲已有一百四十五個之多，其後「公社」更得到進一步發展，今天路過的恩哥迪基布茲就是其中一個。據統計，到最近十年，這種基布茲社區在國內約有兩百七十個。基布茲的所在地北至戈蘭高地，南至紅海，多數位於原本寸草不生的荒漠地帶，成員們辛勤勞動，用他們的智慧發展一套獨特的蓄水和灌溉系統，把荒漠變成良田、沙漠變綠洲。

以色列有許多基布茲集體社區

這種以色列式「烏托邦主義」以「自願自由選擇」為原則，外面的公民可以加入，成員也可自由退出離開，而且退出的成員還能獲得一定的經濟補償。在基布茲內，各個層面都是「各取所需，各盡所能」，例如：成員每天集中在食堂進餐，各人如buffet一般取用自己要吃的食物，並輪流到食堂幫忙；衣服也同樣是集體管理，過去輪流穿著使用，如今個人可以擁有自己的衣服，基布茲統一設置的洗衣房可以免費洗燙衣物；住房是由基布茲提供，根據單身或成家，以及不同家庭規模給予合適的房子和家具；車輛同樣是共用的，若需要用於私人用途，則必須繳交汽油費；教育

方面，兒童從小就過著集體生活。嬰兒出生後，就由育嬰園托管，四到五歲進入幼兒園，七歲上小學，十三歲進入少年之家，十八歲中學畢業後服兵役。這並不表示孩子沒有家庭的觀念，在課後到睡前的這段時間，是家庭團聚的時候，因為時間有限，反而更珍惜利用這段時間，不過集體意識與革命情感自然比一般還強上許多。

基布茲實行民主管理，全體成員共同參與，每周都召開成員大會一起議定表決事項，管理人員的產生亦要通過大會選出。

我好奇為何基布茲烏托邦思潮會在這個國家萌芽、發展起來，且至今仍然存在呢？

最初基布茲的興起，是為了將資源集中，團結就是力量，同時很重要的一點，就是要共同抵禦其他的部族，保護財產與生命安全。基布茲的成功也要歸功於以色列幾位總理的支持，由第一位的本・古里安開始，繼續倡導的還有摩西・夏里特、列維・艾希科爾和果爾達・梅厄，幾十年來，他們一直把「勞動最光榮」的理念傳承下來。同時，非常多的各界精英都來自於基布茲。政府對於屯墾區的支持，包括基礎建設和公共運輸的興建等，自然也是基布茲能發展下去的因素之一。基布茲以往是以農業生產為主，如今也涉足工業和高科技產業，工業產值占全國 GDP 的 9%，農業亦占了 40%，為國家的工、農產業作出了不少的貢獻。這種以色列式的烏托邦，被公認為世界上最成功的「公有社會制度」。

不過出於經濟發展、時代演變、不再需要墾荒和抵禦外敵等原因，基布茲的內容也發生了顯著的變化，除了主要產業的變動外，公營的社區逐漸變為部分私有化，引入了「按勞分配」的觀念，成員開始擁有自己的財產，生活方式也有了改變，例如有些基布茲就取消孩童集體住宿的措施，讓他們晚上能與父母同住。甚至有些基布茲因為成員認同感的持續下降而衰落或轉型。有些基布茲社區為了經營，提倡觀光旅遊業，讓外國遊客可以來此短期觀光打工，或是提供旅遊行程和住宿，可謂與時俱進了。

無法被征服的馬薩達精神

一大清早，我自特拉維夫出發，目的地可能一般人從未聽過，但在以色列當地卻是聞名遐邇。我乘坐的四驅車先通過土地貧瘠、人煙稀少的高原沙漠，路上還巧遇驅趕羊群的牧羊人，一直走到標誌著「海平面」的石碑前才停了下來，和我前往死海途中所見到的一樣，再往前走就位在海平面以下了。

在 sea level 0 標誌前巧遇一對騎駱駝的男女

中午時分，我終於抵達猶地亞沙漠（Judean Desert）與死海谷地（Dead Sea Valley）的交界處，一座獨立於周圍的突兀孤峰，這兒就是馬薩達。公元前三〇年間，大希律王是當時統治以色列地區的羅馬帝國從屬王，他在此修建了堡壘以及宮殿群，堡壘周遭被峭壁懸崖所環繞，尤其東邊更將近九十度垂直，地勢險峻，易守難攻。馬薩達岩山從底部至最高處約四百五十米，但海拔高度僅有五十多米。

1 馬薩達是獨立於周圍的突兀孤峰

2 蜿蜒於東面斜坡的蛇道

1 俯瞰馬薩達遺址，可看出希律王建造的三層宮殿痕跡
2 現場可見許多儲水池的遺跡

登上堡頂可以選擇步行或乘坐纜車兩種途徑，我目測岩山並不算高，應該難不倒我這個身經百戰的老「玩」童，於是放棄乘坐纜車之便，沿著曲折的「蛇道（Snake Path）」徒步向上。蜿蜒於東面斜坡的蛇道也是唯一一條從山下通向馬薩達山頂的自然道路。當天烈日灼人，我踏著蛇道上的碎石砂礫，緩步邁向矗立於荒漠中的岩石堡。儘管每一步都走得異常艱辛，大汗淋漓，不過我依舊堅定步伐，毫不間斷朝前邁進。

終於登上頂端，向四周環視，眼前盡是斷壁殘垣，看不到一棵樹、一朵花、一株草，然而在這片兩千多年前的廢墟遺址，依然可以窺得當初的痕跡：浴場、糧倉、拱門石柱、瞭望塔，甚至是馬賽克的壁畫和地板等。值得一提的是古跡前的博物館內，有一座銅鑄的馬薩達城堡模型，複製了當年上下三層的岩山宮殿，非常精緻，看得出宮殿是多麼宏偉奢華。更重要的一點，令我不得不佩服古人的智慧：在這個缺乏水源的地區，他們憑著人力，挖穿岩石，修築了多座大型蓄水池，同時又設有輸水道，收集雨水流入蓄水池中，再由牲畜或奴隸送到岩山頂。

事實上，馬薩達的意義，不僅是作為希律王的堡壘宮殿，還關乎一段悲壯慘烈、可歌可泣的歷史事件。

公元七〇年，猶太人反抗羅馬統治的起義失敗，耶路撒冷第二聖殿被毀，殘軍退守到死海邊的馬薩達堡，羅馬大軍隨後趕到，把岩堡重重包圍。猶太守軍居高臨下，堅守陣地，羅馬軍久攻

第二聖殿時代少數保存下來的猶太會堂遺跡

不下，無計可施。最後想盡辦法，逼使猶太的俘虜和奴隸在岩堡的西側壘建起一座巨大的斜坡，準備從這個方向攻城。公元七三年，當羅馬軍把土山成功壘起，發起終極進攻，破城而入時，卻沒有與猶太守軍發生面對面的交鋒。原來，城破的前一個夜晚，猶太守軍領袖 Eleazar Ben Jair 發表了一段慷慨激昂的演講，激勵九百六十七名守城的將士和家眷誓死與古堡共存亡，寧為玉碎、不作瓦全。為免自己的同胞落入敵手，淪為俘虜，於是他們採取了極其慘烈的方式，集體殉難。他們以抽籤的方法選出代表，用匕首先刺死自己的親人，直至最後一人自殺而告結束。這是猶太人亡國前的最後一戰，自此猶太民族開始了近兩千年的流亡生涯，而寧死不屈的抗爭也使馬薩達成為以色列千年不朽的精神堡壘。

我站在山頂上，遠望四周荒漠般無窮無盡的黃土色谷地、遠處的死海，以及羅馬軍屯兵的遺跡，可以體會到猶太守軍在岩山上「敵軍圍困萬千重，我自巋然不動」視死如歸的氣概。堡壘內的防禦工事更無聲地記錄著與數以百倍的敵人周旋到底、英勇不屈的堅毅。我的內心不由得受到那樣的民族精神所深深激盪。

由於特殊的國防需求，以色列是當今世上為數不多採行「全民皆兵」制度的國家之一，不論男女，年滿十八歲都要服兵役。這些青年在參軍時，都得來到馬薩達宣誓，大聲呼喊「Masada Shall Never Fall Again!（馬薩達永不再陷落！）」的口號。不僅如此，以色列的兒童也會前來這片猶太戰士壯烈犧牲的遺址，從小感受「永不陷落的馬薩達精神」。這裡既是猶太民族精神的祭壇，也是愛國主義的課堂，是以色列猶太人最好的愛國主義教育基地。一九四八年以色列建國後，猶太人重獲他們在千年前失去的「應許之地」，從世界各地聚集而來，在哭牆邊，對著歷經千年風霜的厚重石壁低訴那段流離失所的漂泊歲月、夙願不得償的未癒之傷。我相信在那一刻，猶太人必然無比珍惜國家的建立，並擁有誓死捍衛民族自由的決心。

事實上，二十世紀初，當世界各地的猶太復國主義者們聚集在迦南地時，兩千年的離散已經讓他們日常的語言各有不同，缺乏一個共通的語言溝通。然而他們都保留著同樣的宗教語言，那就是希伯來語，虔誠的猶太人即使流散在世界各個角落，無論身處何種境遇，也不忘誦讀傳統古老的《希伯來聖經》，世世代代。猶太裔的語言學家據此創造了現代希伯來語，成為現今以色列國的官方語言之一，語言的統一大大增強了民族凝聚力。

此外，猶太人的智慧與信仰之所以能世代相繼、流傳子孫，也要多虧在公元三到五世紀由上千名猶太學者彙整而成，一部被稱為猶太智慧羊皮卷、可視為「第二聖經」的猶太法典《塔木德》，內容從宗教律法，一直到生活細節，包羅萬象。使得整個猶太民族即使遷徙世界各地，幾經磨難，仍然沒有失去自我、忘卻傳統與根本。

在以色列遊歷的幾天，儘管時間不長，卻使我對這個國家、乃至於這個民族的刻板印象改觀。我見到了她們的美麗與哀愁，無論是創造的輝煌、達到的成就、拋灑的血淚、承受的苦痛……愈是深入了解，就愈發現猶太民族的偉大與不可思議。如此團結努力的民族，我又怎能不深受感動，並致予無上的敬意呢？

後記

有關以色列的遊記，我在幾年前就已經開始動筆，世事難料，寫作和出書的計畫波折不斷，一直到今日才終於將全書送交出版社。衷心感謝以下幾位好友為我這本經歷種種波折，終於順利付梓的新書《謎一樣的國家：老玩童探索以色列》寫序：

△中國國家博物館原副館長暨中國文藝評論家協會造型藝術委員會主任陳履生

△前駐以色列特任大使張良任

△鳳凰衛視評論員暨香港三策智庫理事長杜平

△雅景洋行董事長范蔚明

自二〇二〇年以來，席捲全球的COVID-19疫情改變了多少人的生命，也打亂了多少人的生活。在這次疫情期間，以色列相當受到全世界的矚目，疫苗的施打涵蓋率和施打規模方面成為全球的防疫典範。初期疫情十分嚴峻的時刻，以色列深知時間尚不足以研發自己的疫苗，於是立即採購國際疫苗，並與輝瑞公司協議將全國國民接種後的醫療資訊提供作為疫苗效果的數據，使國際疫苗的數量得以不虞匱乏，也替研發國產疫苗爭取了更多的時間。

然而另一方面，以巴之間的衝突，卻並未因疫情而有所降溫。單是二〇二一年間，就發生了多起衝突事件，傷亡人數也一再攀升。這塊區域出於宗教、民族等因素造成的爭端與衝突難解，未知此區的和平是否終有一日能夠到來。

不過可別因為新聞報導中不時出現的武力衝突事件而對這個國家有所卻步，在大多數的時間與地點裡，我認為以色列的旅遊相當值得推薦，無論是自然或人文方面，都十分具可看性，宗教方面的重要性，更不言而喻。儘管我曾兩度前往以色列，也多少有些遺珠之憾，例如世界遺產的香料之路與香料之城，有以色列大峽谷之稱的拉蒙自然保護區和亭納沙漠國家公園等等，或許以後仍有機會親自拜訪基布茲，體驗集體農莊的生活，而這些都是我未來再度展開以色列旅遊的好理由。

我旅遊全世界一百五十個國家的目標，由於這次疫情的緣故，遲遲無法往新的國家推進，只能一再重訪曾經旅遊過的國家，並且隨著疫情的變化，不斷地進行調整修改。二〇二〇年從年初開始，逾三百天的時間，我都在歐洲境內旅遊，幾乎將瑞士的大城小鎮都走過一遍，關於疫情期間的瑞士自然與人文風貌是否與過往有所不同，我將在下一本出版的書籍裡為各位舊雨新知揭曉，也歡迎大家屆時繼續給予批評指教。

國家圖書館出版品預行編目資料

謎一樣的國家：老玩童探索以色列／鄧予立著. --初版.--臺中市：白象文化事業有限公司，2022.2
面；　公分.——（鄧予立博文集；14）
ISBN 978-626-7056-91-2（精裝）
1.遊記 2.以色列
735.39　　110020856

鄧予立博文集（14）

謎一樣的國家：老玩童探索以色列

作　　者　鄧予立
校　　對　鄧予立
發 行 人　張輝潭
出版發行　白象文化事業有限公司
412台中市大里區科技路1號8樓之2（台中軟體園區）
出版專線：（04）2496-5995　傳真：（04）2496-9901
401台中市東區和平街228巷44號（經銷部）
購書專線：（04）2220-8589　傳真：（04）2220-8505
專案主編　陳逸儒
特約設計　白淑麗
出版編印　林榮威、陳逸儒、黃麗穎、水邊、陳媁婷、李婕
設計創意　張禮南、何佳諠
經銷推廣　李莉吟、莊博亞、劉育姍、李佩諭
經紀企劃　張輝潭、徐錦淳、廖書湘、黃姿虹
營運管理　林金郎、曾千熏
印　　刷　基盛印刷工場
初版一刷　2022年2月
定　　價　299元